パーフェクトレッスンブック

ゴルフの教え方、教えます!

監修／石井忍 & エースゴルフクラブ

「質の高い練習」でゴルフは必ず上達します！

「早い……」「顔が上がった！」

練習場でよく聞く言葉です。こんな状態からは早く脱したいものですが、思うように上達しないジレンマを抱えている人も多いと思います。

あなたのまわりに、あまり練習していないのにスコアがいい人がいると思います。一方、毎週何百球も練習しているのになかなかうまくならない人もいると思います。この差はどこにあるのでしょうか？

ゴルフはある一定の時間、質の高い練習ができれば必ず上達するスポーツです。練習しなくてもスコアがいい人は、限られた時間の中で基本をしっかり練習できているのではないかと思います。

特にビギナーやジュニアなどゴルフを始める最初の段階では、基本をしっかり覚えることが大事です。箸や鉛筆の持ち方がぎこちない人がいますが、それを直すのはすごく大変。同じように、ゴルフのスイングも最初から自己流でやってしまうと、後から直しづらくなってしまうのです。個性は生かさないといけないと思いますが、それは個性のバックラウンドにしっかりした基本があることが条件。基本あっての個性なのです。

効率よく上達するためには、教え上手であり、教わり上手であってほしい。その方法を本書にまとめました。ゴルフをもっと楽しむために、ぜひ活用してください。

プロゴルファー・石井忍

本書の使い方

まずはポイントを自分でチェック！　理解してから教えよう。
スピード上達へ導く「教え方」を解説するのと同時に、
教える側の上達にも役立つ基本を中心に解説しています！

PART 2 アドレスの基本

正しい姿勢
背中のカタチに注意
背骨のラインはニュートラルに

前傾姿勢のチェックポイントは、①「背筋を軽く伸ばす」②「両腕とも力を抜く」③「体重が土踏まずより前にかかっている」こと。このバランスが崩れると、スムーズに始動できないので注意しよう

猫背で構えるとバックスイングで伸び上がってしまう

お腹から上体を丸めると猫背に。この構えからクラブを上げていくと、トップで上体が起きて、カラダが伸び上がってしまう

背中の反りすぎは上体が下がる原因になりやすい

猫背の反対に、背中を反りすぎる構えも良くない。上半身にムダな力が入りやすいうえに、トップで上体が前に突っ込んでミスヒットになりやすい

ジュニア▶LESSON

軸を意識させてから…⇨とりあえず素振り！

カラダの軸を意識することを必ず教えよう！

スイング中、子どもはクラブにつられてカラダが動いてしまいやすい。軸となる背骨にクラブなどをあてがい、「ここを中心にカラダを回す」というイメージを覚えさせよう。そのうえで素振りをさせれば、軸がブレないようになっていくはずだ。

用語解説
■バックスイング＝スイングでクラブをトップに向かって振り上げる動作　■トップ（スイング）＝バックスイングの頂点

57　56

ジュニア▶LESSON
子ども特有の教え方のポイントを解説

用語解説
覚えておきたいゴルフ用語を解説
（巻末には用語一覧があります）

ここだけは覚えたい最重要ポイントを写真とともに解説

スマホでチェック！

写真で自分の構えを確認させよう

動画だけでなく写真でも確認してください。線をあててみるとカラダの軸がとてもわかりやすくなります。繰り返しチェックして、ボールポジションの感覚を覚えてもらいましょう

スマホでチェック！
スマホの写真や動画を有効活用したいポイントをピックアップ

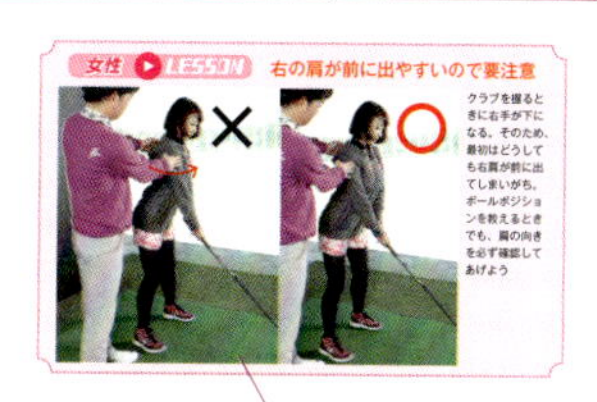

女性▶LESSON　右の肩が前に出やすいので要注意

クラブを握るときに右手が下になる。そのため、最初はどうしても右肩が前に出てしまいがち。ボールポジションを教えるときでも、肩の向きを必ず確認してあげよう

女性▶LESSON
女性ならではの教え方のポイントを解説

contents

PART 2 アドレスの基本

contents

contents

PART 6 ひとりでできる練習ドリル

PART 1

ゴルフを教える基礎知識

制御された中で
スピードや
強さを
出していくのが
目標とする
ゴルフスイングです！

スクエアでバランスのいいスイングを目指そう

スポーツは「カラダを自由に、気持ちよく動かして」行いたいもの。でも、これではうまくいかないのがゴルフスイングのむずかしさです。

ゴルフスイングには、「制御された中でスピードや強さ」を出していくことが求められます。カラダのどこかにブレーキをかけないと、クラブがカラダから外れてしまいます。これでは再現性が低く、コースでは使い物になりません。

「制御」と「スピードや強さ」の両立。そのポイントになるのが、スクエアでバランスのいいスイングです。教える側も教わる側も、これを頭において練習してください。

ゴルフスイングは

クラブの特性

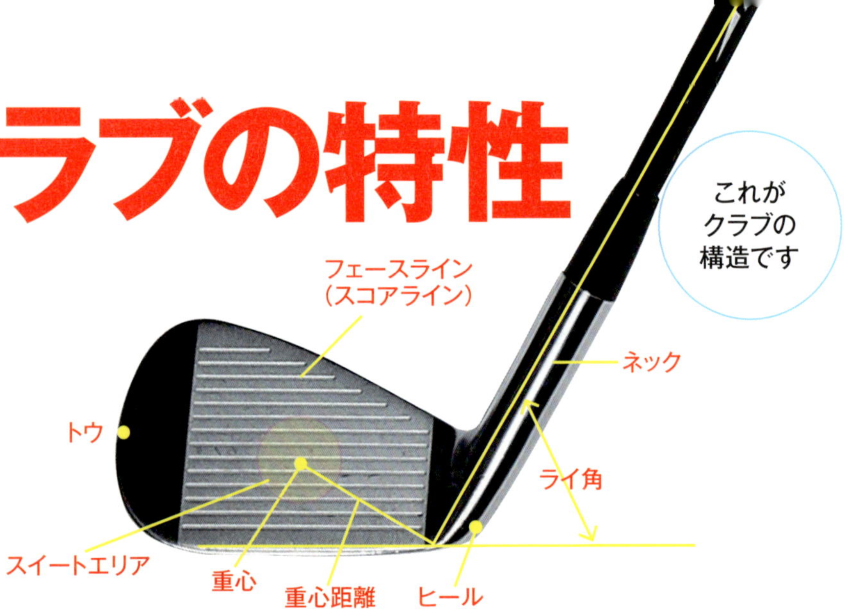

これが
クラブの
構造です

フェースライン
（スコアライン）
ネック
トウ
ライ角
スイートエリア
重心
重心距離
ヒール

ターゲットライン

構造上、フェースが開きやすいのがゴルフクラブの特徴

フェースではなくクラブの重心を振る感覚を覚えよう

野球のバットやテニスのラケットと違い、ゴルフクラブはシャフトの延長線上に重心がないことが特徴です。

これによって起こるのがフェースの「開き」。ゴルファーはフェースが開く動きとつねに戦っていかなくてはならないのです。

開いたフェースをインパクトでスクエアに戻すためには、「ローテーション」の動きが不可欠です。言い換えれば、ローテーションの中に存在するスクエアを、インパクトに合わせる。このためには「フェース（ヘッド）を振る」のではなく、「クラブの重心を振る」意識が必要となってきます。

「開きやすい」のが

いきなり打たせるのではなく、まずは……

スイングの基本的な動きを教えよう

シャフトを立てる動きを教える

ビギナーにまず教えたいのが、シャフトを立てる動きです。「シャフトを立てる＝コック」の動きですが、これによってゴクラブをスムーズに振れ、ヘッドスピードが上がることを教えましょう。

女性 LESSON

腕力のない人は「クラブの遠心力で引っぱられる」「手首をうまく使えない」などの理由でシャフトが立たない場合が多いので要チェック！

用語解説 ■コック＝スイング中に手首を折る（曲げる）動作

チェック1 ハーフウェイバック（バックスイング中に腰の高さまで達したポジション）が最初のチェックポイント！

腰の高さまでクラブを上げたとき
ヘッドはカラダの真横の位置
カラダの前もNG！
カラダの後ろもNG！

バックスイングの段階でヘッド軌道が前や後ろにズレると、そこから修正するのはほぼ無理。正しい位置に上がれば、その後の軌道も自然によくなる

バックスイングでのクラブの動かし方は早い時期に教えたい

バックスイングでのクラブの軌道とフェースの向きも、最初に教えたいポイントです。

まずクラブの軌道は、ハーフウェイバックでヘッドがカラダの真横にきます。クラブを手で持って正しい位置まで動かして、「ここに上げていくんだ」というイメージを覚えてもらいましょう。

フェースの向きは、ハーフウェイバックでカラダの前方を向くのが正解。ヘッドのトウが立って上を指している状態です。フェースターンが正しくできるとこの向きになります。

「こんな感じにクラブ上げるんだ」という感覚が身につけば、上達は早いはずです。

チェック2 ハーフウェイバックでフェースの向きをチェック！

フェースの向きを教えると、自然に正しい腕のローテーションができるようになる。基本中の基本なので、何度も繰り返して覚えさせよう

■ハーフウェイバック＝バックスイングでクラブが右腰の高さに達したポジション　■ヘッドのトウ＝クラブヘッドの先端　■腕のローテーション＝腕の外旋、内旋の動き。ひねり

アドレスからフィニッシュまで、上半身は……

「胸板」を回転させる

トップで胸板は右を向きます
1
2
3
4
胸板を回転させてスイングするのが正しい上半身の動き！

胸板を意識するとスムーズな回転運動になる

ゴルフスイングは回転運動ですが、具体的にはどこを回せばいいいのか？　いちばんわかりやすくて正しい動きを覚えられるのが「胸板」です。

胸板を、トップで右、フォローで左へ向けるようにすれば、上半身は自然に180度回転します。この動きに腕の動きを加えてスイングができあがるのです。

胸板が90度回転して右を向いた位置が「カラダのトップ」

スイングのトップの位置を胸板の向きで覚えると、いつでもしっかりした回転運動ができ、手打ちをしないようになる。腰が回りすぎないように注意して教えようスイング中は「胸板の回転」と同時に……

「腕」の上下運動が重要

腕の上下運動ができないときれいなスイングにはなりません！

連続写真で解説

①アドレス。②「胸板を回転」させて始動。腰の高さくらいから「腕の上への運動」が始まる。③胸板がしっかり回転し、腕が上がりきるとトップの位置。④胸板を回転させながら腕を下げてインパクトを迎えて、⑤でフィニッシュ

ヒジを下に向けるように構えてクラブを上下に動かせるようにする

腕を上下に動かすためには、構えたときにヒジを下に向けておくことがポイント。ヒジが上を向いていると上下に動かない。両ヒジを軽く内側に絞るようなイメージでクラブを握るといい

胸板の回転に腕の上下動をミックス

胸板の回転に加えて大切なのが、腕の上下動。カラダを回すだけではクラブは動きません。腕を上げ下げすることで、クラブが動いて弧を描くのです。

アドレスからトップに向かって腕を上げ、切り返しからインパクトで下ろし、フィニッシュで再び上げる。胸板の回転にこの動きがミックスして、正しいスイングになります。

カラダと腕で違う動きをすると教えると、最初はなかなかうまくできないかもしれません。でも、これは上達のために越えなければならないカベ。違和感がなくなるまでしっかり練習させましょう。

わかりやすくていねいに教えよう!

4 握りやすいグリップで

どの握り方が好みかをを選んでもらう。女性にはインターロッキングがオススメ(45ページ参照)

5 ターゲットを決めてあげる

漠然と打つのではなく、「あそこを狙って」とターゲットを決めることで集中力が増す

6 ターゲットを確認させる

教えたターゲットを自分でも確認させる。これを習慣化するとGOOD!

10 素振りをさせてクラブに慣れさせる

ボールを打つ前に、まずは素振り。カラダの動きやクラブの動きを体感させる

11 素振りを多くやると変なクセがつきにくい

素振りが習慣化すると上達は確実に早くなる。うまくできないことや違和感などを聞きながら練習しよう

女性 ▶ LESSON

いざ練習場へ！ ビギナーにはまず素振りから！

決まった順番で、

1 最初はスクエアグリップを教える

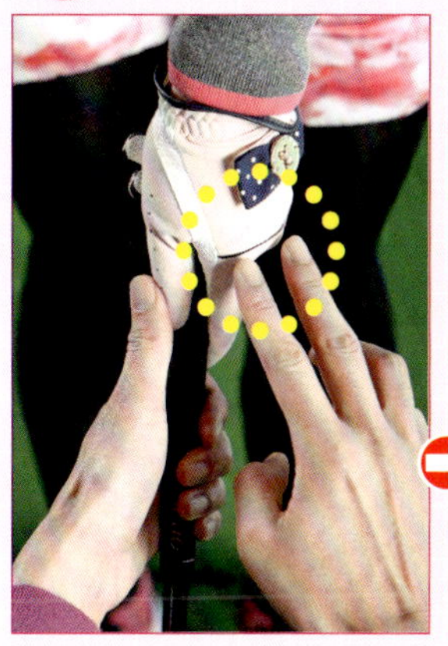

グリップの基本であるスクエアグリップ（48ページ参照）でクラブを持たせる

2 右手の親指と人さし指を確認

右手を握るとき、親指と人さし指の付け根が離れないようにする

3 右手の位置をチェック

右手の親指と人さし指でできるV字が、ヒジの中心に向いているか確認する

7 目標に対してスクエアに立たせる

目標がカラダの左側にあってわかりづらいので、スクエアになる向きを教える

8 前傾角度を一緒に確認

前傾角度をきちんとつくることは、いいスイングに欠かせない（54ページ参照）。しっかり教えよう

9 手の位置を教える

手の位置を確認。スタンスもチェックしてクラブを振る体勢をつくる

腕の動かし方の基本を教えよう！

4 インパクトに向かってフェースが閉じてくる

フェースの向きをスクエアに戻しながらインパクトまでクラブを下ろす

5 インパクトでフェースはスクエアに

インパクトではフェースの向きにボールが飛ぶことを確認。カラダのポジションも教える

6 胸を飛球線に向けながらフォロー

胸をしっかり回しながらフォローへ。ハーフスイングをやると必要な動きがほとんど覚えられる

4 頭の位置が動きすぎたら……

頭は多少左右に動くのが自然。ただし、子どもは動きすぎる傾向があるので場合によっては固定して教える

5 きちんと振り切れるようになるまで繰り返し練習させる

ハーフスイングでカラダとクラブの動きを教え、フルスイングに応用する。この順序でくり返して練習しよう

ジュニア ▶ LESSON

ハーフスイング~フルスイングの順番で！

クラブの軌道と

1 ハーフスイングのヘッド軌道を教える

フルスイングをする前に、ハーフスイングでクラブの動かし方を覚えさせる

2 ヘッドを真っすぐ引く

ヘッドの動きを意識させてテークバックでのクラブのポジションを教える

3 フェースは正面に向ける

ハーフウェイバックでフェースを正面に向ける。自分の目で確認させることが大事

いよいよフルスイング。ハーフスイングで覚えた動きを確認しながらやろう

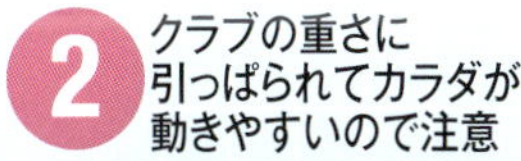

動きが必要以上に大きくならないようチェック。特に子どもはクラブに振られやすいので注意しよう

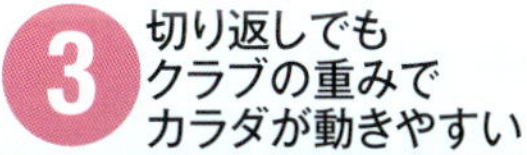

切り返しでカラダがブレると正確にインパクトできない。動きすぎないように教えよう

ゴルフクラブは大きく分けて6種類

クラブは1セット最大14本

試合や競技で「15本以上のクラブをキャディバッグに入れてラウンド」はルール違反！

「規定本数の14本を超えるクラブを持って正規のラウンドを スタートしてはならず、プレーヤーが使用できるクラブはそのラウンドのためにスタート時に選んだクラブに限られる」（ゴルフ規則 4-4）というルールがあるので注意しましょう。

ゴルフクラブの特徴

ドライバー Driver	**単品で買いやすいのが盲点** セットの中で「ドライバーだけ浮いている」というケースは意外と多い。単品で買うことが多いからだ。ほかの番手に合う重さやシャフトを選ぶようにしよう
フェアウェイウッド Fairway wood	**ボールをつかまえやすいタイプを** フェアウェイウッドは実はむずかしいクラブ。長いためにミート率が下がるからだ。ボールをつかまえやすく、上がりやすいタイプを選ぶのが実戦的
ユーティリティ Utility	**1本あると超便利** その名のとおり、さまざまな状況で便利に使えることが特徴。信頼できる1本があれば、長めのショットやトラブルなどで大いに役立つ心強い味方
アイアン Iron	**まずは打ちやすいタイプから** エントリー用としては、ヘッドの重心位置が低く、ボールを上げやすいタイプがおすすめ。ただし、シビアに見えても打つとやさしいモデルもあるので、よく吟味したい
ウエッジ Wedge	**近ごろ種類が激増** ロフト角やソール形状の違いなど、最近さまざまなタイプが登場している。ビギナーには、バンカーから脱出しやすいお助けサンドウエッジを1本すすめるといいだろう
パター Putter	**見た目や好みで選ぶのもいい** ヘッド形状などが多岐にわたるのがパター。難易度もさまざまだが、結局は自分が気持ちよくストロークできるものに落ち着くことが多い。見た目で選んでもいいかも

クラブ選びは上達に大きく影響する

道具を使うスポーツの中でも、ゴルフほど道具の種類が多いものはまれです。道具がパフォーマンスに影響する割合も高いですから、道具選びは慎重に行う必要があります。「クラブのせいで上達しない」ということが、実際にあるのです。

クラブを選ぶときは、使う人の体力や技術レベルに合うことが大前提です。また、ドライバーからウエッジまで長さや重さなど流れがきちんとしていることも大切。しっかりした知識をもって対応しましょう。

グローブ選びは大切な上達ポイント

ジャストサイズなら安心してスイングできる

両手を合わせて
指先に隙間がないか確認する

指の長さと手の厚みにフィットしたものを選ぶ

ゴルフを教えるとき、グローブをきちんと見てあげることは大切なポイントです。手はクラブとの唯一の接点。ここにゆるみがあったり、スイング中に手が滑ったりすると、ボールをしっかり打てません。

基本中の基本として、グローブのサイズは手に合うことが鉄則です。大きめを使っている人が多いですが、ジャストサイズかやや小さめのほうがフィット感がいいのでマメができにくく、クラブコントロールがうまくできます。

どのクラブから教えればいいのか?

スイングづくりには「8番アイアン」がオススメ

長すぎず短すぎないクラブの長さだから、余計なプレッシャーを与えずに振ることができる

8番アイアンは構えやすくて振りやすい

練習で使うクラブを1本選ぶとしたら、8番アイアンがオススメです。ボール位置がセンターになって左右均等のバランスで構えられるうえ、長さ的にも振りやすい。フェース面が広くミートしやすことともメリットで、スイングづくりの練習にはうってつけです。

スマホを有効に使おう！

写真や動画で確認して理解度アップ

効果バツグン！
ぜひ活用してください！

ゴルフでは「正しい動きやポジション」と「自分の感覚」を近づけていくことが大事です。それには自分のスイングを客観的に知ることが必要ですが、この作業に役立つのがスマートフォン。写真や動画をフルに活用すれば、上達のスピードがアップすることはまちがいありません。効果的な使い方を紹介しますので、ぜひ覚えてください。

全身が入る位置から撮影する

正面からも後方からも撮影の基本は同じ

かなり離れて撮影しなければならないので注意

正面からの撮影は、1打席分くらいは離れなくてはならない。くれぐれも他のゴルファーや練習場の迷惑にならないように気をつけよう

「全身が画面に収まる」「ヒザの向きとスクエア」「手元の高さにスマホを構える」&

ドライバーは「グリップとシャフトの境」と「ターゲットが重なる」位置で撮影する

ドライバーの撮影

スイングを撮影するとき、カメラのポジションに注意。動きが正確にわかる位置から撮ることで、的確なアドバイスができる

アドレスからフィニッシュまでクラブの軌道がすべて収まるように撮影しよう！

「寄りすぎNG」！ヒザの向きとスクエアになるように被写体の手元の高さから撮影する

撮影できる範囲に全身が入り、なおかつスイングの軌道をすべてカメラに収まるようするには、打席よりかなり離れて撮影しなければならない。できれば後方からの撮影で、スイングの軌道をしっかり撮影したい。正面からは「アドレスのチェック」が向いている

アイアンの撮影

スイングの基本をつかんでもらいたい！

アイアンは「ターゲットと手元が重なる」位置から撮影する

基本②

アドレスの確認

（アイアンの場合）

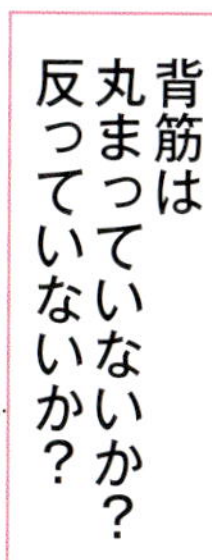

スマホを使って正しいアドレスを覚えてもらおう

目標に対してスクエアに構えなければボールは狙った方向に飛ばない。だから、スイングの８割は「アドレス」で決まるとも言われている。動画や写真を使って、教える人と一緒に確認しながら、正しいアドレスを覚えてもらおう。

column 1

練習場の豆知識

打席の選び方

練習場でのレッスンは、ほかのゴルファーの迷惑にならないよう、比較的空いている両サイドの打席を選ぶのがいい。レッスン可能か、事前に確認するとなおいい。左サイドの打席は、右側に広い空間があるのでクラブを気持ちよく振りやすい。サイドネットが右にある右サイドの打席は、スライス矯正に役立つ。

練習場のマットは滑る

練習場の人工芝のマットは、コースの芝より「滑る」傾向がある。マットの上でソールが滑ってくれるので、多少ダフったショットでもナイスショットした感触になるのだ。これに慣れるとコースでダフリやすいという弊害もあるが、ビギナーにとってはジャストミートの感触を得やすいというメリットもある。

練習ボールは飛ばない

練習場のボールは、コースで使うボールより飛距離が落ちる傾向がある。この場合、距離を示す看板もボールの性能に合わせて置かれている（実際の距離より短い）。コースに出たときギャップが感じることもあるので、頭の中に入れておこう。

PART 2
アドレスの基本

ドライバーのアドレスを身につける

しっかり叩ける構えを覚えよう

ドライバーのアドレス（正面）

ドライバーでは、ボールをしっかり叩ける構えをつくる。スタンスをやや広くとり、下半身を安定させる。上半身はリラックスして、肩が上がらないように注意する（詳細な解説は42ページから）

アドレスが正しくないといいスイングはできない

「アドレスを見ればその人の技量がわかる」と言われますが、それほどアドレス（構え）は大事なポイントです。クラブを握ると、ボールを打つ（スイングする）ことに意識が向かいがちですが、スイングを良くも悪くもするのがアドレス。まずはしっかりした構え方を教えることが、上達のスピードを速めます。

ターゲットに対してスクエア（真っすぐ）に構えるのがアドレスの基本ですが、これができない人が非常に多い。構えてから目標を見ている間に、肩、腰、ヒザの向きがズレてくるのです。この点もきちんとチェックしましょう。

用語解説
■スクエア＝アドレスなどで直角、もしくは平行の関係になっている状態

アイアンのアドレスを身につける

再現性の高い構えを覚えよう

重心が安定するスムーズなアドレスをつくる

ゴルフスイングには「再現性」が求められます。いいスイングを、いつも同じようにする能力ですが、再現性を高めるためにもアドレスはとても大事です。

再現性を高めるには、バランスのいいアドレスが不可欠です。重心がぐらつかないスムーズな構えを覚え、それをいつでも再現できるようにするのが目標です。

アイアンのアドレス（正面）

基本はドライバーと同じだが、アイアンのアドレスはスタンス幅（狭く）、ボール位置（真ん中寄り）、体重半分（左足寄り）などが変わる

アイアンのアドレス（後方）

クラブが短くなるぶん、上半身の前傾角度が深くなり、カラダがボールに近づく。ビギナーは前傾角度がきちんととれないことがある（上体が起き上がる）ので、しっかりチェックしよう

女性 ▶ LESSON

女性のアドレスは背中の下部が反る。反りすぎると腰痛やリバースピボットになることがあるので、なるべく直したほうがいい

ジュニア ▶ LESSON

背が低いのでヒザが曲がらずに棒立ち気味になる傾向があるが、スイングしたときにヒザが曲がっていれば問題ない

用語解説

■前傾角度＝アドレスで上半身を前に傾ける角度　■リバースピボット＝バックスイングで左足、ダウンスイングで右足と体重が反対にかかる悪い動き

グリップの基本

中指、薬指、小指でしっかり支える

グリップは左手の握り方が大事！

大切なのは中指、薬指、小指。この３本でしっかり握ってクラブを支える。親指、人さし指は添える程度に握ればＯＫ

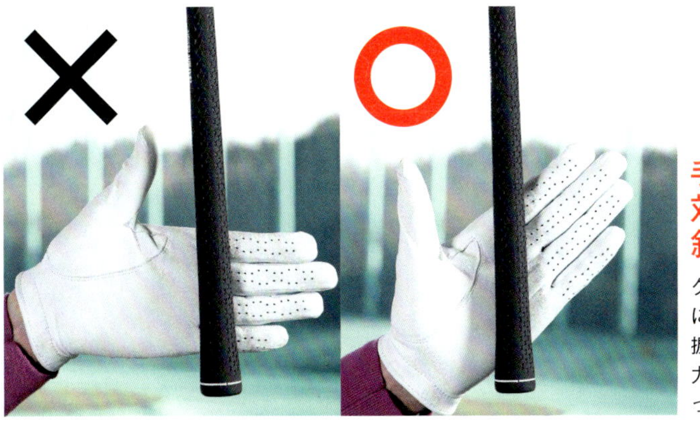

手のひらに対して斜めに握る

グリップを手のひらにあてがって斜めに握ることで、余計な力を入れなくてもしっかり握れる

グリップの手順

左手はカラダの脇でリラックスした状態で軽く握り、手首がそろうように右手を添えてから握りこもう

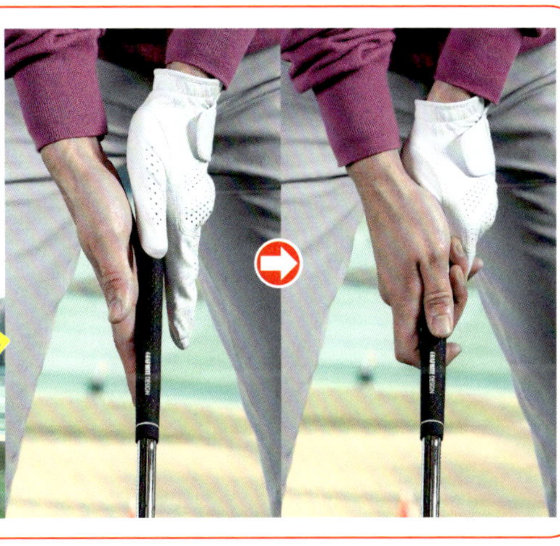

正しく握れば左手1本で振れるようになる

グリップで大事なのが左手。手のひらに対してグリップを斜めにあてがい（写真上）、中指、薬指、小指の3本でしっかり握るのが基本です（写真右）。これは女性もジュニアも同じ。この握り方がきちんとできれば、力がない子どもでも左手1本でクラブを振れます。左手はとても大切です。

握る力加減は「ゆるすぎず、強すぎず」＆左腕だけでハーフスイングできればOK!

しっくりくる握り方を探そう

手とクラブに一体感が生まれるように握ろう！

オーバーラッピング

右手の小指を左手の人さし指と中指の間に重ねて置く握り方。手の感覚を生かし、リストを使いやすいことがメリット。ただし、握力がないとグリップがズレやすい

ジュニア ▶ LESSON

手が小さい＆握力が弱い場合は「しっかり握れる」グリップを選ぼう

女性やジュニアの場合、自分の手の大きさや握力に合った「力を入れすぎずに握ってスイングできる」グリップを見つけてあげよう

○

オーバーラッピング

○

ベースボールグリップ

◎

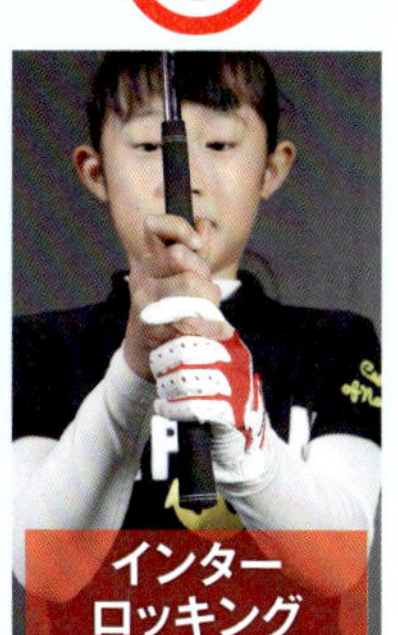

インターロッキング

まずは３種類のグリップをそれぞれ試してもらい、無理せずに素振りができる握り方を選んであげよう

右手は力強く握りすぎないように注意しよう

グリップは、右手は軽くそえるくらいの感覚で、左手だけで振れる力感で握るのが基本です。

クラブを振り上げて↓下ろし、クラブが手のひらのなかでズレなければ大丈夫。

注意してもらいたいのは、右の親指と人さし指に力が入ってしまうこと。この２本の指に力が入ってしまうと、手首がスムーズに動かなくなってしまうので気をつけましょう。

手とクラブに一体感が生まれる「自分に合うグリップ」を見つけてあげることが、ゴルフ上達への第一歩になります。

女性 ▶ LESSON

女性にはインターロッキンググリップがオススメ！

右手の小指と左手の人さし指を絡めて握るインターロッキンググリップ（46ページ参照）は、力がなくてもグリップが安定する（ズレにくい）ことが特徴。手が小さくてもしっかり握れるので、女性やジュニアにはピッタリ。ジュニア時代にインターロッキングでゴルフを覚え、大人になってもそのままのプロも多い。

握り方の種類

力がない人にすすめたい2種類のグリップ

オーバーラッピングからのアレンジ

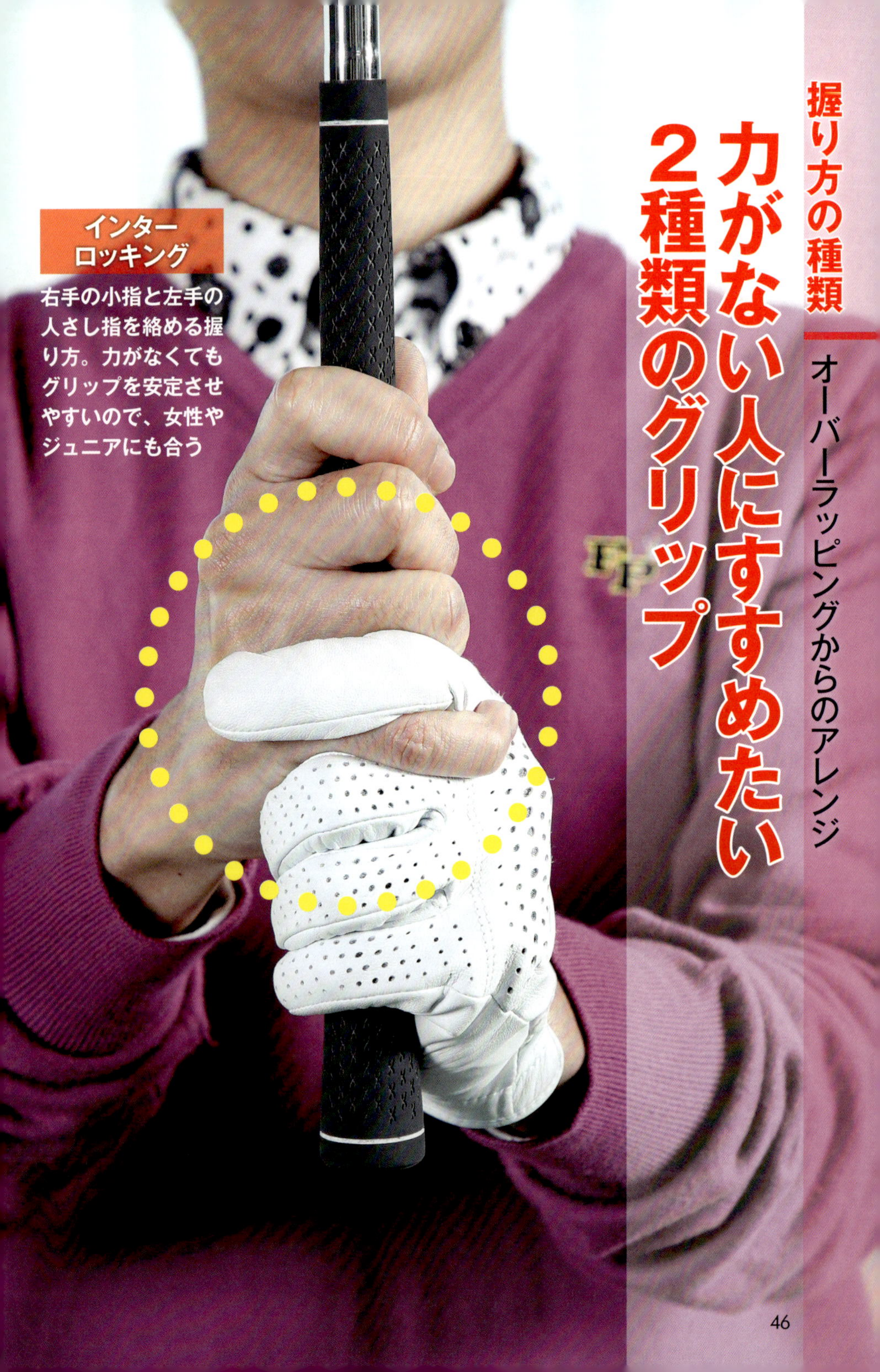

インターロッキング

右手の小指と左手の人さし指を絡める握り方。力がなくてもグリップを安定させやすいので、女性やジュニアにも合う

ベースボールグリップ

左右の指を絡めずに、野球のバットのように10本の指をすべてグリップに触れて握る方法。そのため「テンフィンガー・グリップ」とも呼ばれる。力を入れやすいので小学校低学年のジュニアにオススメだが、このグリップの男子プロもいる

グリップの向き

スクエアグリップを覚えよう

グリップの基本

スクエアグリップ

左手の甲、右手のひらを飛球線へ向くように（スクエア）握るグリップ。手の向きとフェースの向きが連動する（同じ方向を向く）、基本となるグリップだ

正面からは両手がほぼ左右均等に見える。上から見ると左手のナックルが２～３個見える。ストレートボールが打ちやすく操作しやすい、基本の握り方

スクエアグリップは左手のナックルが２～３個見える

ビギナーにはまず、グリップの基本となる「スクエアグリップ」を教えましょう。正面から見たときに、左手のナックル（＝手を握ったときに手の甲側にできる指のつけ根のふくらみ）が2～3個見えるのが理想のカタチです。

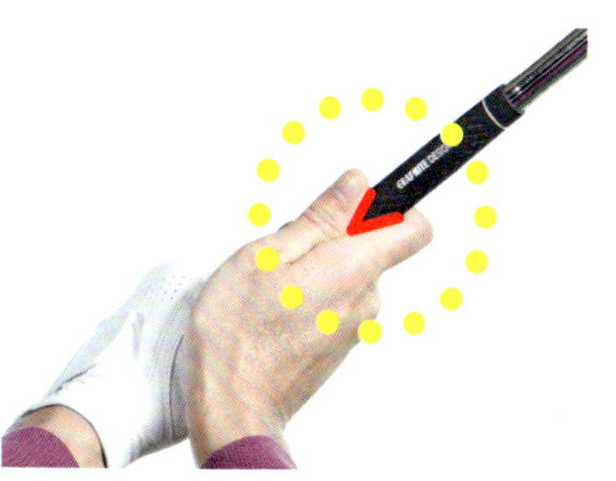

クラブを上に持ち上げたとき、右手の親指と人さし指の間にできる「Ｖ字」がクラブの支えになるので、要チェック！

グリップの向き

ボールをつかまえやすい「ストロンググリップ」リストを使いやすい「ウィークグリップ」

スクエアグリップからアレンジ

ストロンググリップ（フックグリップ）

グローブをはめた左手の甲側が多く見える。ボールがつかまりやすいので、スライスで悩んでいる人には効果的な握り方

左手を深く握るストロンググリップ

ボールがなかなかつかまらないときに有効なのが、左手のナックルがすべて見えるほど左手を深く握る「ストロンググリップ（フックグリップ）」。アドレスで左斜め前を向いていた左手の甲が、インパクトでは飛球線を向くので、フェースが返ってボールがつかまりやすいことが特徴です。インパクトでフェースが返るためロフト角が減って飛距離が伸びますが、つかまりすぎて「ヒッカケ」「チーピン」が出やすいので注意しましょう。

スクエアグリップの特徴は、正面から見ると右手の親指と人さし指の間にできる「V字」がヒジの中心に向かっている

右手を少しかぶせるウィークグリップ

右手を少しかぶせるように握る「ウィークグリップ（スライスグリップ）」は、インパクトでフェースが開きやすいことが特徴。ボールがつかまりすぎてフックする場合は、試してみる価値があります。ただし、ビギナーはボールがつかまらないケースがほとんどなので、上達してから考えるほうがいいでしょう。

用語解説
■**ロフト角**＝フェースの角度。ロフト角が大きい→ボールが高く上がる、ロフト角が小さい→ボールが水平に飛ぶ　■**ヒッカケ**＝左に飛んで曲がるミス　■**チーピン**＝極端に左に曲がるミス

スペシャルなグリップ

バタフライグリップを試してもらおう

バックスイングでクラブが寝る人に最適！

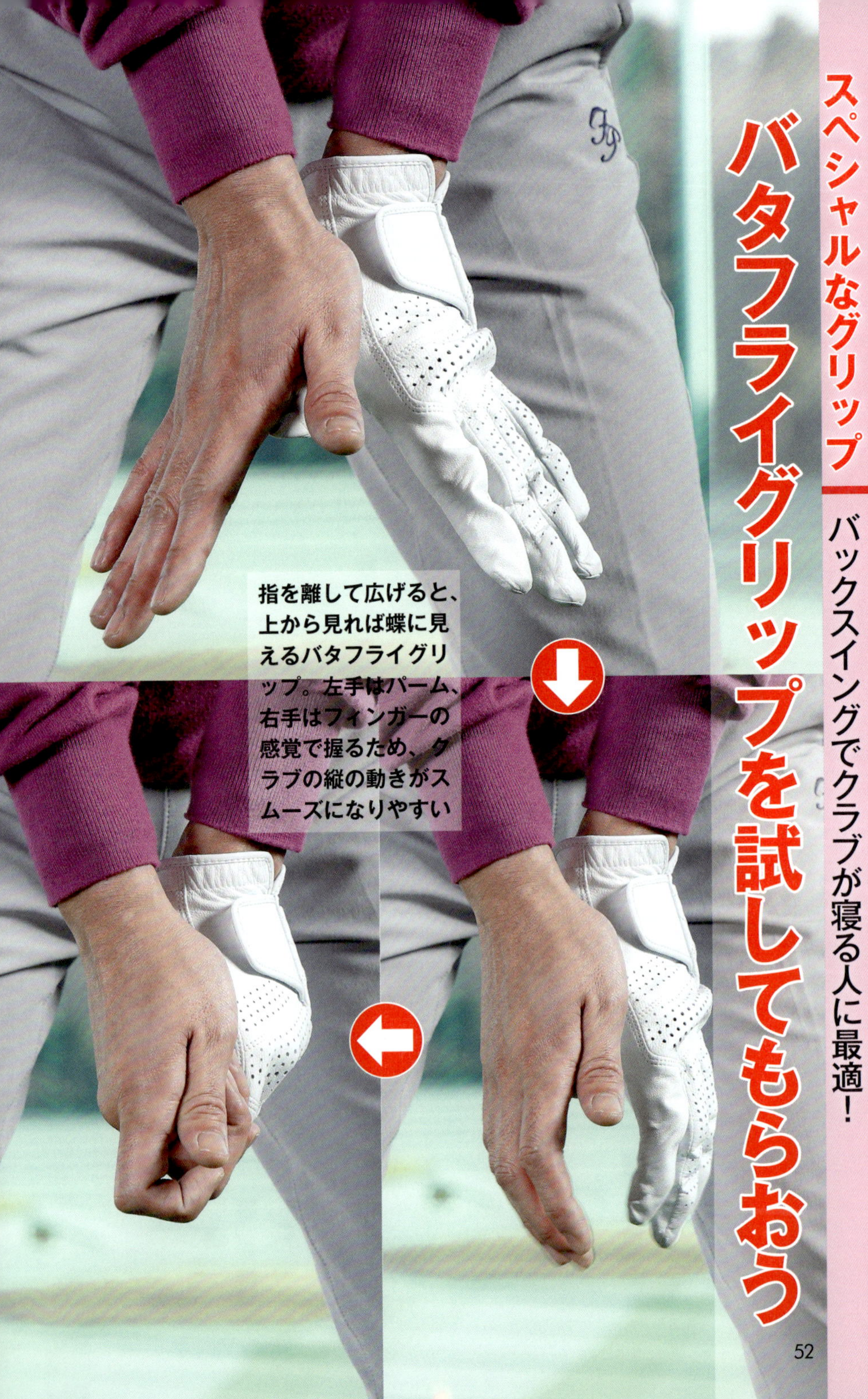

クラブが寝ていると、インサイド・アウトの軌道になりやすく左に曲がりやすくなる（フック）

クラブの上下運動がスムーズになる

左の×写真のように、ダウンスイングでクラグが寝てしまう人や、フックに悩んでいる人にはバタフライグリップを試してもらいましょう。握ってみるとわかるのですが、スクエアグリップよりも左右の腕がそれぞれ少し内側に絞れるので、クラブを上下に動かしやすくなり、バックスイングが○写真のようなカタチに近づきます。

バックスイングでクラブが「寝ているのか」「立っているのか」は、写真や動画で確認してもらうのがベスト。感覚のズレをわかってもらおう

用語解説

■パームグリップ＝手のひらを中心に深めに握るグリップ　■フィンガーグリップ＝指を中心に浅めに握るグリップ

正しい姿勢

カラダの構えの基本をつくる

足の付け根から前傾させヒザを曲げる

足の付け根（股関節）から上体を前に傾ける。そのうえで、ヒザを軽く曲げて構えるのが基本

腰の上から上体を曲げてしまうと、力が入らない（伝わらない）構えになる。猫背になっていたら要注意

前傾角度が崩れない構えをつくろう

ゴルフスイングは上体を前に傾けた状態で行います。これはとても大切なポイントで、上体の前傾角度がアドレスからインパクトまで変わらないことで、真っすぐ飛ばせるスイングになります。これを行うためのポイントが、足の付け根から上体を前傾させること。最初からしっかりマスターさせましょう。

ジュニア ▶ LESSON

お手本を見せてあげよう

子どもはものまねがうまい。お手本を見せてあげれば、それをまねてうまくできるようになる

背骨に軸を意識するイメージトレーニングが効果的！

正しい構えをつくったら、上体の前傾角度を変えないようにカラダを回すトレーニングをしよう。背骨に回転軸を意識することで、構えたポジションを変えずに回転できるようになるはずだ

正しい姿勢

背骨のラインはニュートラルに

背中のカタチに注意

前傾姿勢のチェックポイントは、①「背筋を軽く伸ばす」②「両腕とも力を抜く」③「体重が土踏まずより前にかかっている」こと。このバランスが崩れると、スムーズに始動できないので注意しよう

猫背で構えるとバックスイングで伸び上がってしまう

お腹から上体を丸めると猫背に。この構えからクラブを上げていくと、トップで上体が起きて、カラダが伸び上がってしまう

背中の反りすぎは上体が下がる原因になりやすい

猫背の反対に、背中を反りすぎるＳ字アドレスもよくない。上半身にムダな力が入りやすいうえに、トップで上体が下がったり、ターゲット方向に倒れるリバースピボットになりやすい

ジュニア ▶ LESSON

軸を意識させてから… ⇨ とりあえず素振り！

カラダの軸を意識することを必ず教えよう！

スイング中、子どもはクラブにつられてカラダが動いてしまいやすい。軸となる背骨にクラブなどをあてがい、「ここを中心にカラダを回す」というイメージを覚えさせよう。そのうえで素振りをさせれば、軸がブレないようになっていくはずだ。

肩幅より足の幅1つ分左右に広げる

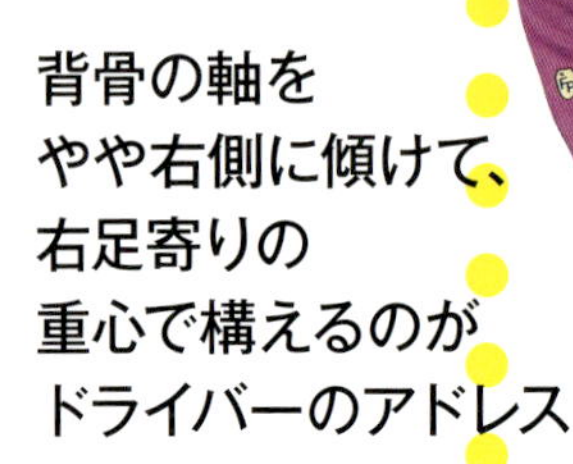

背骨の軸を
やや右側に傾けて、
右足寄りの
重心で構えるのが
ドライバーのアドレス

ドライバーのスタンス

肩幅より足の幅１足分左右に広げた幅が目安。両足のツマ先を少し外側に向けて、下半身が安定する構えをつくる

足をそろえてボールの正面に立ち、そこから左右に足を広げてスタンスを決める

6
4
いつもの位置

スタンスは1足分広く 体重配分は右6：左4

ドライバーは構えたときに上体の軸が右に傾くので、やや右足体重で構えるのが自然

上半身はあまり力を入れず下半身はどっしり！

アドレスしたとき、両足をどの程度広げて構えたらいいかは、下半身がどっしり安定するかどうかで判断します。これには個人差がありますが、長いクラブほどスタンス幅を広くするのが自然。ドライバーが一番広くなります。その目安を右ページに紹介したので参考にしてください。

■スタンス＝アドレスしたときの足のポジション

スタンス

ミドルアイアン(5~8番)

肩幅より少し広め、体重配分は左右均等

ミドルアイアンのスタンス

ドライバーに比べてクラブが短くなるぶん、スタンス幅を狭くする。ミドルアイアンで肩幅より少し広い程度が目安

体重配分は右足5：左足5 拇指球で体重を支える

構えたときカラダの軸が真っすぐになるので、体重は左右均等が基本。両足の拇指球あたりにバランスよく荷重する

スタンスが狭すぎるとカラダが右に動きやすい

スイングして上体が左右にブレる人は、スタンスが狭すぎる傾向があるのでチェックしてあげよう

スタンスが広すぎると軸が安定しない

スタンスが広いこと自体は悪くないが、カラダ全体が左右に動いて軸が安定しないようならスタンスを狭めたほうがいい

スタンス

広さは肩幅、重心を下げて構える

ピッチングウエッジ

PWのスタンス

スタンス幅は肩幅が目安。棒立ちにならずに、ヒザを軽く曲げて重心を下げる意識をもたせよう

**体重配分は右足4：左足6
「重心は下」を意識して
しっかりとした土台をつくる**

体重を左足寄り（右４対左６くらい）にして構え、この配分を大きく変えないようにスイングすると、正確なショットが打てるようになる。重心を下げて下半身を暴れさせないことが大切

やや狭いスタンスでカラダの回転を安定させる

ウエッジのショットは、距離を欲張って大振りする必要がありません。正確な距離、方向性で打つことが目的ですから、アドレス時のバランスを崩さないようにスイングできるスタンスで構えることが大切です。

目安としては、スタンス幅は肩幅程度。体重はやや左足寄りにして構えます。この体重配分をあまり崩さないようにスイングすることを教えてください。ヒザを軽く曲げて重心を下げることもポイントです。

スタンス

アプローチ

げんこつ1個分広げるだけでOK

アプローチのスタンス

両足の間隔をげんこつ1個分くらい広げる。体重は真ん中か、左足寄りに。左足を少しうしろに引いてオープンにする

スタンスを閉じると軸が安定せずミート率が悪くなる

両足をピッタリつけると、バランスを崩しやすい。上体や腕が余計な動きをしてしまう場合もある

スタンスが広いと右足に体重が残ってしまう

スタンスが広いと、スイング中に体重が左右に動きやすい。特に右足に体重が残るとダフリやザックリになる

短い距離を正確に！アプローチのコツはミート&コンパクト

グリーンまわりからのアプローチショットでは、両足の間隔を狭めてクラブを正確に動かせるアドレスをつくります。スタンス幅は、両足をげんこつ1個分程度広げるのが目安。両足をピッタリつけてしまうと軸が動きやすく、反対にスタンスを広げると不要な体重移動をしやすくなるので注意しましょう。コンパクトに構えて、確実にミートすることが大切です。

左足を少しうしろに引いて、オープンに構えることもポイント。スイング時にカラダ（軸）がぶれない構えをつくりましょう。

■アプローチ（アプローチショット）＝グリーンに打つ短い距離のショット。フルスイングはしない

ボールの位置

ドライバー

ドライバーは「左ワキの前」と教えよう

ドライバーのボール位置

スタンスを肩幅より左右1足分広げ、左ワキの前にボールを置く。この位置だとヘッドの最下点の少し先でボールをとらえることができる

こぶし1個分のスペースをつくる

グリップとカラダの間にはこぶし1個分のスペースをつくり、これをいつも守る。女性、ジュニアも同様に教えよう

ボールに近いと…⇨トップで窮屈になる

遠いと…⇨ 上半身と下半身が連動しない

「左カカト前」ではなく「左ワキの前」

ナイスショットのためにはボールの位置がとても大切。コースへ出ると気づかないうちに位置が変わり、ミスの原因になるからです。いつも同じ位置になるよう、しっかり教えてください。

ドライバーのボール位置は「左カカトの前」とよく言われますが、これはまちがい。スタンス幅によって位置が変わってしまうからです。正しくは「左ワキの前」です。

■ヘッドの最下点＝スイング中のヘッド軌道の中で、もっとも地面に近くなる位置　用語解説

フェースとボールの間が「左ほほの前」

フェアウェイウッド

フェアウェイウッドのボール位置

ヘッドの最下点にボールを置きたいので、ドライバーよりやや内側（右寄り）に置く

写真で自分の構えを確認させよう

スマホの画面に線をあててみるとカラダの軸がとてもわかりやすくなる。繰り返しチェックして、いつも同じボール位置で構えられるように練習しよう。

スタンスは肩幅より少し広めにする

ドライバーよりクラブの長さが短いぶん、スタンスを狭くする。目安は肩幅より少し広め。長いクラブにかかる力に対してバランスをとるため、あまり狭くしないほうがいい

ボールの位置はスタンスに対してではなく軸に対して決める

アドレスしたときにアゴから左足内側にかけて軸を意識します（80ページ参照）。この軸がボール位置の基準。ドライバーやフェアウェイウッドは軸が右に傾くため、ボール位置が左側になり、アイアンになると軸が垂直に近づいてくるので、ボール位置は真ん中寄りになってきます。

ボールの位置

真ん中より少し左の「左眼の前」

8番アイアン

クラブが短くなり、少しハンドファーストで構えるため、フェアウェイウッドよりやや内側（右寄り）に置く

前傾角度を決めてから両腕を真っすぐ下ろしたところがグリップ位置の目安

両腕とも力を抜いて、真下にダランと伸ばしたところがグリップ位置の目安になる。リラックスしてグリップしよう

理想は少しダウンブローで打てるボール位置

アイアンのボール位置はさらに内側（右寄り）になります。8番で「左眼の前」を目安にしてください。アイアンはヘッドを上から入れるダウンブローで打ちたいので、ボール位置が右寄りになります。

ジュニア LESSON

グリップとカラダの距離は大人も子供もこぶし1個分

ジュニアや握力に自信がなくてクラブを短くもつ人でも、カラダとクラブの距離はこぶし1個分のスペースがないと、スムーズなスイングはむずかしくなる。

用語解説

■ハンドファースト＝インパクトやアドレスで、グリップ（手）の位置がクラブヘッドよりも前（目標方向）にある状態　■ダウンブロー＝ダウンスイングでクラブヘッドを鋭角的に振り下ろす軌道

ボールの位置

ピッチングウエッジ

カラダの中心になる「アゴの前」

ピッチングウエッジのボール位置

クラブが短くなるぶん、８番アイアンよりもやや内側（右寄り）に置く。目安はアゴの前

ダウンブローで100ヤード前後を正確に打ちたい

ピッチングウエッジのボール位置は8番アイアンよりさらに内側（右寄り）になります。また、8番アイアンと同様にピッチングウエッジもヘッドを上から入れるダウンブローで打ちたい。ピッチングウエッジは「アゴの前」と覚えて、男性なら100ヤード前後をきっちりと打てるように練習させましょう。

女性 ▶ LESSON 右肩が前に出やすいので要注意

クラブを握るときに右手が下になる。そのため、最初はどうしても右肩が前に出てしまいがち。ボールポジションを教えるときでも、肩の向きを必ず確認してあげよう

ジュニア ▶ LESSON

「ボールのどこを見て構えればいいの？」⇨「ボールの中心を見る」

あまり意識したことがないかもしれないが、まずはボールの中心を見てスイングすることを覚えてもらおう。そのとき「スイング中はボールに集中し、ヘッドを目で追わない」と教えることを忘れずに。

column 2

効果的な上達法

興味が出たときに一気に練習するのが上達のコツ

ゴルフに関心がなかった人でも、やってみたらハマった、ということがよくある。実はこのゴルフにのめり込むタイミングが、効果的に上達するチャンス！　モチベーションが上がっているときに間をあけずに集中的に練習することで、上達のスピードはグンと上がるのだ。実際、練習の間隔があいてしまうと、前回覚えたことをまたイチからやらないといけないなど、上達する実感がなかなかつかめなくなるもの。教わる側のやる気を利用して、楽しく上達させよう。

ヘッドスピードを測ってみよう

ゴルフの練習グッズにはさまざまな種類があるが、近ごろ充実してきたのがスイングや弾道を手軽に測定できる機器。自分のスイングを計測してヘッドスピードや飛距離などのデータを知ることは、「もっといい数値を出そう」と練習のモチベーションになる。これはビギナーでも同じこと。データを取り入れてレッスンすれば、練習の効率は確実に上がる。

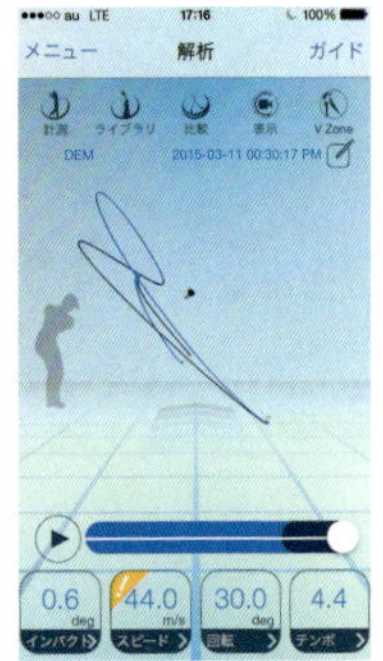

PART 3
カラダの使い方

スイングの目的

「芯に当てる」大切さ

「芯に当てる＝ミート率を高める」スイングづくりを目標にしよう

ヘッドの芯に近いところで打つほど、ボールは正確に、遠くへ飛ぶ。いつもこれを意識させながら、ゴルフを教えよう

芯に当たって初めて飛んで曲がらないショットが打てる

女子プロのヘッドスピードは一般男性とあまり変わりませんが、ドライバーの飛距離は彼女たちのほうが断然上。その理由は、ミート率が違うことです。女子プロはいつも芯に当てることで、飛距離だけでなく方向性もバッグンのショットを打てるのです。

パート3ではスイングの基本をレッスンしていきますが、目標は「芯に当たる＝ミート率が高いスイング」です。

クラブがロスなく正確に動くことでミート率は高くなる。そのためのカラダとクラブの使い方を覚えよう

■ヘッドスピード＝スイング中にヘッドが動くスピード。通常はインパクトのスピードを示す。速いほどボールが飛ぶ

用語解説

後方軸

耳からお尻までの真っすぐな軸を意識。角度を変えないようにスイング

構えたときの前傾角度を変えない

ミート率を高めるためには、カラダの回転運動を正確に行う必要があります。ポイントになるのが「軸」。飛球線後方からは、構えたときの軸（前傾角度）が変わらないスイングづくりをしましょう。

チェック アドレス、トップ、インパクトでの後方軸が変わらないようにするのが理想のスイング

スイングを後方から見て、軸がどのような状態あるかをつねにチェックしよう。ビギナーに多いのは、①アドレスしたときに軸が前に傾きすぎる、②トップで軸が起き上がる、③②の状態のまま打ってしまう（または軸が前に傾いて上体が突っ込む）こと

アゴから左足内側までの軸を意識させる

軸が変わらないように意識させるのが目標

カラダの正面から見たときの軸の管理も大切です。ここではアゴから左足内側までのラインを意識するように教えてください。この軸の傾きが変わらないようにスイングするのが目標です。

チェック アゴから左足内側までの軸の傾きをアドレスからインパクトまでキープする

○

アゴから左足内側までの軸の意識がないと、上体が左右にブレやすい。逆に言えば、この軸を意識させることで動きを改善することができる

軸をイメージすることはむずかしいので、正しい位置を教えて軸の感覚を覚えてもらおう

①アドレスの確認

ボールを打とうとする意識が強いために、アドレスで右肩が前に出てしまう人が多い。軸がブレることでスイング中にカラダが安定しなくなるので要チェック

②トップの正しい姿勢を確認

当てる意識が強いとトップで左足に体重がかかりすぎ、軸が立ってしまう

③インパクトで両肩の傾きを確認

カラダが突っ込むと軸は左に傾く。肩の位置を修正してあげよう

スマホでチェック！

軸が大きく暴れないのがスイングの基本
必ず写真を撮って、一緒に確認してあげよう！

自分では軸を動かしていないつもりでも、実際は動いていることがよくある。スマホで確認しよう！

自分で軸をイメージできるように教えよう

クラブを振り慣れていないうちは、スイング中にカラダがグラグラと動いてしまいます。それで軸もブレてしまうのですが、最初から軸の意識をしっかりもたせることで、ムダな動きはかなり改善されていきます。

プロのスイングと自分のスイングを動画などで比較して説明すると、軸の位置の違いなどがよくわかると思います。頭の中でイメージをしっかり描けるように教えてください。

アームローテーション①

腕をターンさせる動きを覚える

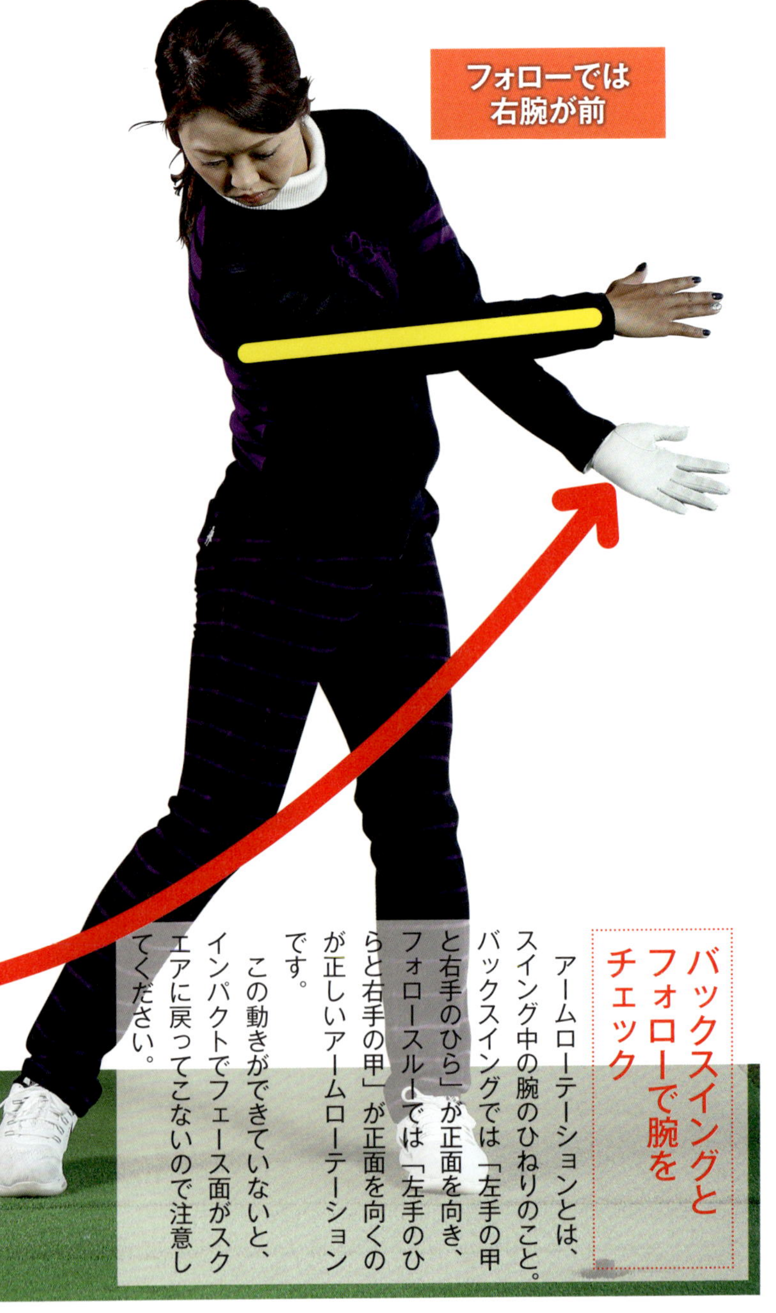

バックスイングとフォローで腕をチェック

アームローテーションとは、スイング中の腕のひねりのこと。バックスイングでは「左手の甲と右手のひら」が正面を向き、フォロースルーでは「左手のひらと右手の甲」が正面を向くのが正しいアームローテーションです。

この動きができていないと、インパクトでフェース面がスクエアに戻ってこないので注意してください。

バックスイング
では
左腕が前

バックスイング中に右ワキがカラダから離れすぎているのはNG！

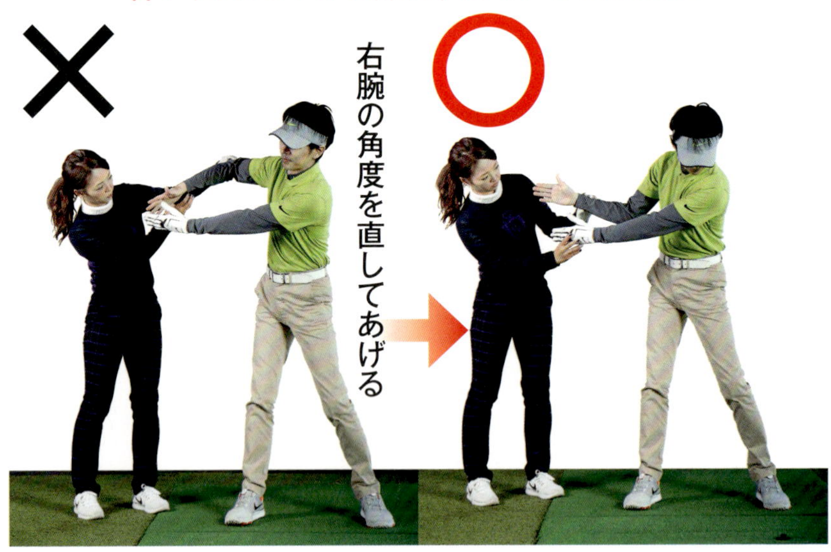

フォロースルーで左腕がカラダから離れすぎているのはNG！

切り返しからは「右腕を伸ばす」のが正しいアームローテーション！

切り返しからインパクトに向けて、右腕を振り下ろしながら「伸ばす」こと。伸ばしきったところがインパクトになるように意識しながら練習しよう。

アームローテーションを覚えるとボールのつかまりが格段によくなりますよ！

腕が正しく動かないといいスイングはできない

「手打ちはいけない」と言われますが、これは手や腕をまったく使わずにスイングするのがいいという意味ではありません。上達には正しい腕の使い方を覚えることが必要で、それがあっていいスイングができるのです。この点を認識し、アームローテーションを教えてください。

アームローテーション②

バックスイングは右腕、フォローは左腕を使うイメージで

クラブを持たずに正しい動きを覚える

アームローテーションの正しい動きを把握するためには、このページの写真のようにクラブを持たずに片手ずつ素振りをしてみてください。

バックスイングは右腕、インパクト以降のフォローでは左腕を使うイメージで素振りをすると、アームローテーションのコツがわかるはずです。

「胸板」と「腕」を分けて考える

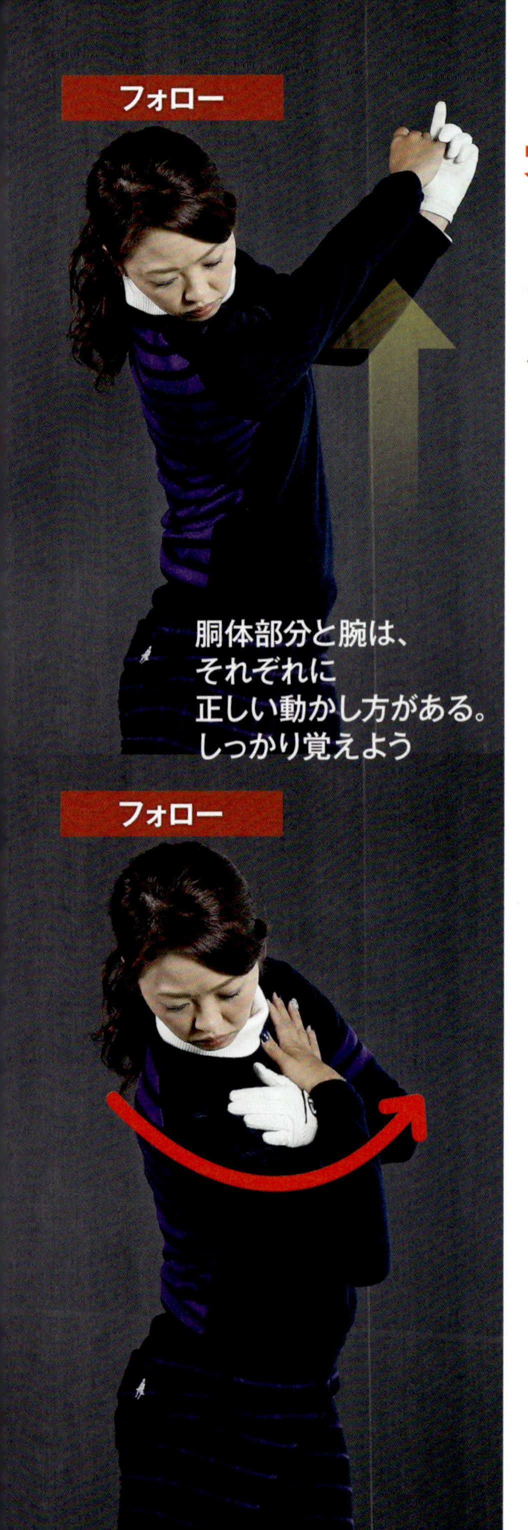

胴体部分と腕は、
それぞれに
正しい動かし方がある。
しっかり覚えよう

胸板を回し
腕を上下に動かす

上半身の動かし方を覚えるとき、「胸板」と「腕」の動きを分けて考えるとわかりやすくなります。

まず基本となるカラダの回転運動は、胸板の動きを意識することがポイント。軸をキープして胸板を左右に回転させるイメージです。

これに腕の動きをプラス。腕は上下に動かします。

このように、胸板の回転と腕の上下動がミックスしたのがゴルフスイングの動きの基本。ちょっとむずかしいですが、覚えてほしい大切なポイントです。

アドレス
トップ
インパクト
「上→下→上」
腕の動きは上下の動き
アドレス
トップ
インパクト
「右→左」
胸板の動きは左右の回転

実際のスイングに「胸板」と「腕」の動きをあてはめてスイングイメージをつくろう

スマホでチェック!

正しい「トップの位置」と「フォロー」を教えて「腕」と「胸板」の動きを理解してもらう

胸板と腕の動きを分けるといっても、やるのは簡単なことではない。自分の動きがどうなっているかを写真で確認し、次に正しい動きを教え、そのときのカラダの感覚を覚えてもらう。この繰り返しをやっていこう。

胸板の回転は90度から110度を目指す

スイングスピードを生み出す捻転を大きくする

バックスイングでは胸板を右側に、フォローでは左側に回転させますが、トップとフォローでは90～110度の回転をするのが目標です。

胸板の回転は大きくするほど下半身と上半身の捻転差につながり、スイングスピードにつながります。カラダの柔軟性によって可動範囲が変わってきますが、できるだけ大きい捻転差をつくれるように練習しましょう。

トップの位置で胸板を90度まで回転できれば大きなトップになる

トップを大きくするため手を高く上げようとする人がいるが、これはカン違い。大切なのは胸板（上半身）の回転量

Lesson!

肩と腰の捻転差が45度できるように動く

上半身（肩）と下半身（腰）の捻転差に注目。トップでは肩が90度、腰が45度回り、45度の捻転差をつくる。この状態がインパクトまで続き、インパクト後は肩が腰を一気に追い越すのが正しい動き

トップ
90度
45度
ダウンスイング
45度
0度

肩と腰の回転量に
ギャップを
つくることが大事。
トップでは肩90度、
腰45度が目標だ

スイング中の腰の位置

ベルトのバックルがスイング中に「少し上がって」→「下がって」→「上がる」

バックルの位置でフットワークを覚えよう

下半身の使い方を覚えるとき、ポイントにしてほしいのがベルトのバックルの位置です。

正しい動きは、トップに向かって回転するときにバックルが少し上がり、切り返しからはインパクトに向かって下がり、インパクト以降は上がるのが理想。これは下半身の「屈曲→回転→伸展」という動きができた結果として表れる動きです。写真を参考にバックルの動きを覚えれば、フットワークをうまく使えるようになります。

回転しながらバックルの位置を上下させる動きを教えると「体重移動」「足の蹴り」などが一気に覚えられる

下半身の動き（フットワーク）はとても重要。最初から正しい動きを覚えることがスピーディな上達につながるが、バックルの位置を覚えさせると正しいフットワークにつながる

フォローに向かって下半身を伸展させる

足の力を利用する動きとして、インパクト前から下半身を伸ばす動きが必要だ。バックルを上げる意識があると、これがうまくできる

■ハーフウェイダウン＝ダウンスイングの途中でクラブが地面と平行になる位置　用語解説

カラダを横に回転するイメージだと バックルの位置がほとんど変わらない

スマホでチェック！

カラダを回すというとコマのように横回転をイメージする人がいるが、そうするとバックルが上下に動かない

column 3

クラブの豆知識

クラブを譲るときは グリップをチェック

ゴルフを始めるビギナーにクラブを譲ることがある。ゴルフクラブは高価なものだから、譲られたほうはもちろんうれしいし、モチベーションも上がるはずだ。もし使ったクラブを譲る機会があったら、かならずチェックしたいのがグリップ。使い込みや経年劣化によって、表面がつるつるになったり、硬くなったりしていると、グリップが滑って練習効果が落ちるだけでなく、ケガや事故の原因にもなる。専門店などでグリップ交換をしてから譲ろう。グリップを替えるとクラブが新しくなった感じになるのもプラス材料だ。

最初のクラブは 専門店で買おう！

自分の体力や体型、技術レベルに合うクラブを使うことで、上達のスピードはまちがいなくアップする。「クラブは何でも同じ」だと思ったら大まちがいなのだ。特に初めて買うクラブは、専門店で話を聞きながら決めてほしい。ブランドや値段だけで決めてしまったり、現物を見ずにネットで購入すると、使い始めてから後悔することがあるので注意しよう。

PART 4
スイングの基本

スイングの始動

動き始めでスイングは決まる

「クラブが重く見える」テークバックが目標

骨盤を回しながら上半身も回す

スイングの始動は、スイング全体に影響を及ぼす大切な要素です。目指すのは、手先でクラブを上げないで、カラダを使ってクラブを上げること。これができると、「クラブが重く見える」テークバックになります。

カラダの動きとしては、骨盤を回すことを教えましょう。骨盤を回しながら上半身も回していくことで、上半身と下半身の捻転差がつくれるようになります。骨盤の回旋が足りないと、手打ちや打ち込みすぎの原因になるので注意してください。

フォワードプレスを取り入れる

スイング始動のきっかけづくり

静止すると動きづらくなる

アドレスしたら静止する時間をできるだけつくらないことが、スムーズな始動のポイントです。止まってしまうと動き出しづらくなってしまうからです。

スイング始動のきっかけをつくるために、「フォワードプレス」を取り入れることをおすすめします。これは始動の直前に行うちょっとした動きで、ここで紹介した方法以外にもさまざまなやり方があります。しっくりくる方法を確立させましょう。

フォワードプレスの例。アドレスしてから手を飛球線側に動かす。これを戻す動きを利用してクラブを上げ始める

スマホでチェック!

スイング始動はむずかしく、最初ぎこちない動きになるもの。動画で動きを確認しながら、動きを直していこう。

トップの位置で上半身がしっかり捻れているかをチェックする

上半身の運動量をしっかり確保する

スイングのトップは、大きくなりすぎる傾向があります。「飛ばそう」「大きく振ろう」「カッコいいカタチをつくろう」という気持ちが出るからですが、ポイントをしっかり教えることが大切です。まずはカラダをチェック。トップで肩をしっかり回して、背中を飛球線に向けます（肩を90度くらい回す）。このとき腰を回しすぎると上半身の捻りが浅くなってしまうので注意。腰は45度くらい回れば十分です。

このように上半身の運動量（カラダの捻転）を確保することが、トップでのカラダの動きのチェックポイントです。

肩の回転と腰の回転の差を画像でチェックしよう

ジュニア ▶ LESSON

クラブに引っぱられてカラダが伸びやすい

子どもはクラブを振り上げた重みを支える筋力が足りないため、カラダが伸びたり、腰が回って左足が地面から離れそうになることがある。トップでの肩と腰の位置関係をしっかり教えよう。

右の上腕が地面と平行に、前腕が地面と垂直になるところがトップ

トップでは右ヒジのポジションを教える。上腕が地面と平行になり、ヒジを90度曲げたところがトップの位置

両手でクラブを持っていると、トップの位置が定まらないことが多い。
まずは右腕の位置を確認して、そこに左手を合わせるようにするといい

女性 LESSON

リバースしやすい女性には正しいポジションの感覚を繰り返し覚えさせる

カラダがやわらかいうえに力が足りない女性は、トップが大きくなりすぎて体重が左足にかかるリバースポジションになりやすい。正しいポジションを教えると「トップはこんなに小さくていいの？」と感じるが、動きの感覚に慣れさせるように練習しよう。

腕がカラダと同調している感覚をもたせよう

トップでの腕は、カラダから切り離れずに同調していることが大事です。手の位置（高さや大きさ）が気になる人が多いですが、右ヒジの角度に意識を向けさせることで、腕の勝手な動きを防げます。

スマホでチェック！

トップの正しいポジションを教えたら、ひとりでそれを再現させ、スマホで確認しながら修正していこう

意識と実際のズレを確認

制動距離を考えて、意識レベルではコンパクトなトップを心がける

意識のレベルではトップの位置はここでOK

トップの位置は「この位置」と思ったところより大きくなるので注意

クラブの重さに引っぱられて動きが大きくなる

ゴルフスイングでは、自分の感覚と外から見た実際の動きにズレが出ることが往々にしてあります。クラブの重さに引っぱられて自分の感覚より動きが大きくなるわけですが、これが顕著に出るのがトップのポジション。「ここまで上げよう」と思っている位置より、実際は大きく動いてしまいます。これもトップが大きくなりすぎる原因のひとつです。

意識と実際にはズレが起こる。これをしっかり理解させ、意識レベルではコンパクトと感じる位置で十分なことを教えましょう。

肩が90度回り、右ヒジが90度の角度になるトップは、意識レベルでは上の写真程度のポジションで十分

肩を90度回し、右ヒジを90度曲げるポジションをとろうとすると、実際のトップは大きくなりすぎる。ギャップがあることをスマホでチェックしよう

の良し悪しを見きわめよう

インパクトでクラブのヘッドがきちんと戻ってくれば オーバースイングでもトップの位置を矯正しなくていい！

オーバースイングが起こる場合は、単純にカタチだけで判断しないことが大事だ。基準はインパクトでクラブが戻ってくるかどうか。オーバースイングになっていても、インパクトでクラブが戻ってきているのなら、トップでのクラブのポジションを矯正する必要はない。ただし、カラダが回りすぎている場合は修正する必要がある。

正しいトップの位置とクラブの軌道を教える

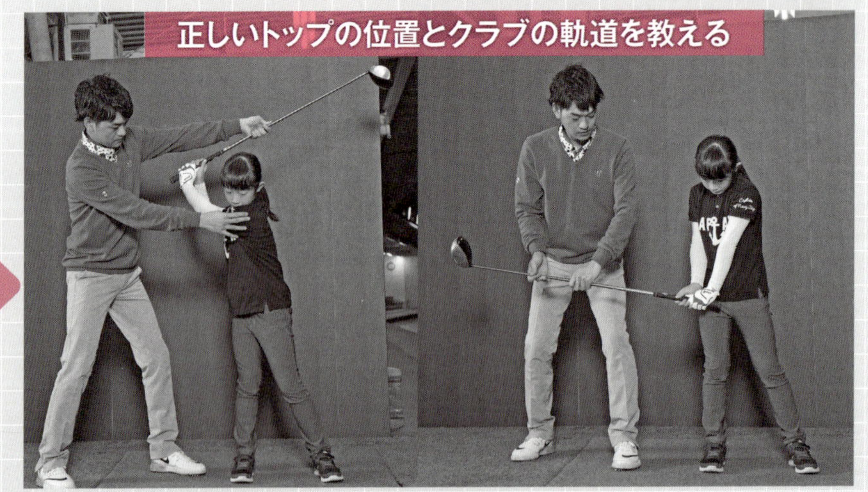

自分の感覚で自由にやっている動きを矯正するのは、実際はとてもむずかしい。正しいポジションの感覚を取り込めるよう、根気強く教えよう

ジュニア▶LESSON

オーバースイング

「ボールが右に出る」「スライスしてしまう」など振り遅れてしまう場合は矯正したほうがいいい

矯正する必要があるオーバースイングは、クラブがインパクトに戻ってこないケース。この場合、たいていボールがつかまらずにスライスする。クラブとカラダの動きが切り離れ、クラブが動きすぎている（手打ち）状態なので、正しいポジションを確認させる必要がある。

トップの位置→切り返しでは重心をターゲット方向に移動させる

切り返しを手やクラブから始めると、いいスイングは望めない

下半身から動くきっかけとイメージを教える

スムーズなスイングをするためには、動きの順番（シークエンス）が重要になります。トップからの切り返しでは、最初に下半身が動き、その後から上半身→腕→クラブという順番で動くのが正しいシークエンスです。

ボールを打ちたいと思うと、いちばん自由に動く手先を使うのが普通のこと。でも、これをやってしまうと上達は望めません。

下半身から動き始めるためには、「重心をターゲット方向へ移動させる」意識をもたせましょう。上半身、腕、クラブはトップの位置から動かさずに、重心だけを移動させます。

トップでの重心
トップのポジションから重心をターゲット方向へ動かすことだけを意識させる。重心が動くとクラブが自然に下りてくることを理解させよう

カラダの軸の移動

切り返しからは重心だけでなくカラダの軸もアドレス位置に戻す

下半身ではなく「軸」を動かす

切り返しでは、80ページで説明した正面から見たカラダの軸を、重心と一緒に飛球線方向へ動かします。注意するのは「軸を動かす」こと。つまり、腰や下半身を動かすということではないことです。軸を動かす意識があれば、いわゆるスエーにはならず、結果的に左のカベがしっかりできます。

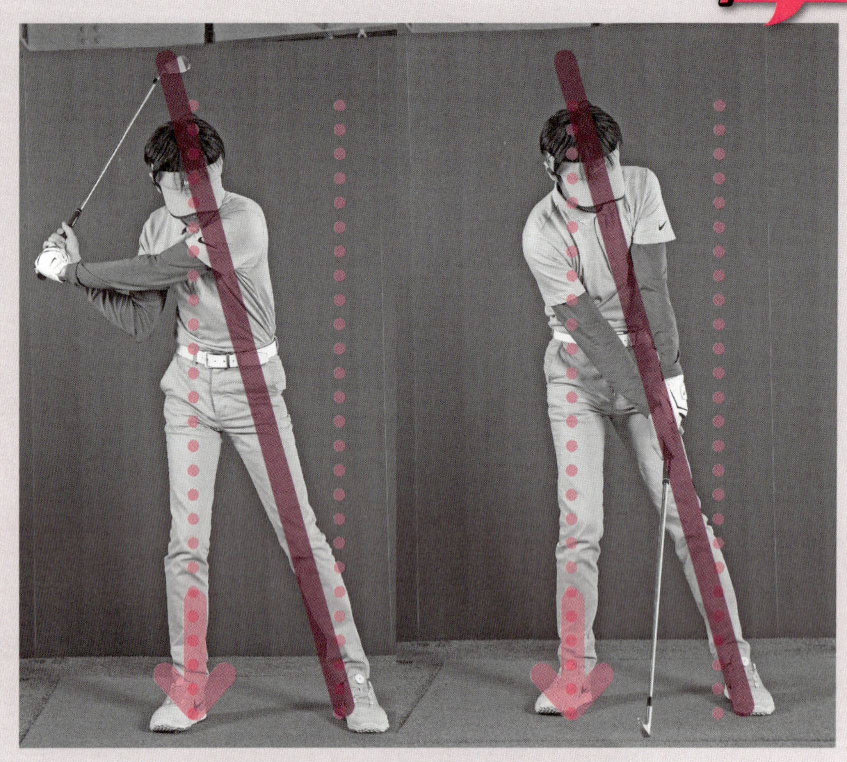

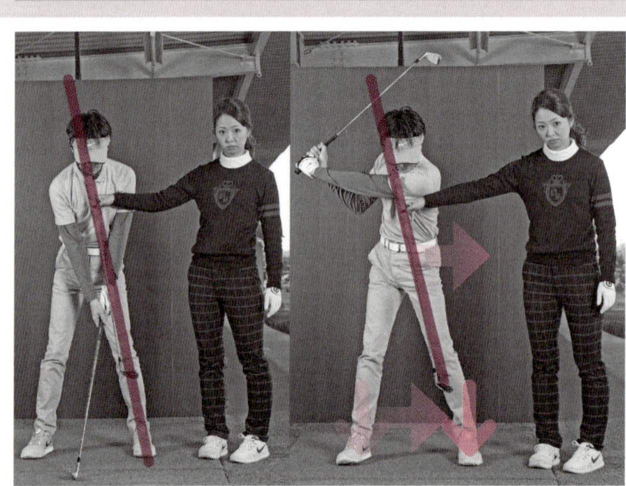

重心と軸の意識をもたせよう

切り返しでは「うまく打とう」「当てよう」という意識なりがちだが、インパクトやクラブの動きのことは忘れさせ、重心と軸の移動だけを意識させよう。それでクラブが自然に下りてくることがわかればレベルアップは確実。

重心とカラダの軸がうまく移動できないとダフリなどの原因になる

下半身から動き始める切り返しができないと、重心や軸が止まったまま、手やクラブが先に動いてしまう。これがインパクトで重心が右側に残る原因。ヘッドが落ちてしまうのでダフる確率が高い。

ヘッドが手より上にある状態でクラブを下ろす

シャフトに角度をつけ続ける

これも「打とう」「当てよう」という意識の表れですが、多くの人はダウンスイングでヘッドを早くリリースしてしまいます。

ダウンスイングでヘッドが遅れてくる感覚はなかなか覚えるのがむずかしいのですが、手が腰の高さまで下りる間は、ヘッドが手の位置より高い状態、つまりシャフトに角度をつけたままクラブを下ろすことを確認しましょう。「腕や手はなにもしない」と教えてもOKです。

ダウンスイングでは
トップの位置から
腰の高さまで
右手首の角度を
なるべくキープ

ヘッドの位置が手より低くなるのはダウンスイングの後半。それまではシャフトに角度をつけることが目標

■リリース＝解放。このページの説明の場合は、ヘッドをインパクトに向けて下ろす（戻す）こと

右ヒジを下に向けたまま真下に下ろす

カラダと腕の一体感をつくるには右ヒジがポイント

ダウンスイングの腕の使い方でポイントになるのが「右ヒジ」です。悪い例は、右ヒジがカラダから離れて右ワキがあいてしまうこと。カラダとクラブが離れてパワーロスを招きます。

トップでは右上腕を地面と平行にして、ヒジを直角に曲げると説明しましたが、このとき右ヒジは下を向いています。この向きを変えないように、右ヒジを真下に下ろすのが正しい動き。シャフトが自然に立つので、ヘッドが早く落ちてしまう悪い動きを防げます。

ダウンスイングの正しい動きの例。下半身が先に動いて（重心と軸の移動）、ハーフウェイダウンまではクラブが立って下りてくる

ダウンスイング

上半身と下半身の位置関係

左腕が地面と平行になっても捻転差をキープにしておく

「X」のカタチをキープする意識をもとう

肩と腰の捻転差を早く解放してしまうと、スライスやミスの原因になる

ダウンスイングは肩と腰を同じだけ回す

次に、ダウンスイングでの上半身と下半身のポジションをチェックしましょう。

バックスイングからトップにかけて肩を90度、腰を45度回して捻転差をつくりました。この状態を、左腕が地面と平行になってもキープするのが目標です。つまり、肩と腰を同じだけ回し、トップの捻転差を保ったままクラブを下ろすわけです。

よくあるまちがいは、腰を止めて肩を回してしまうこと。パワーロスにつながるだけでなく、クラブが外側から下りるなどミスの原因になるので注意してください。

ダウンスイング

ダウンスイングの後半

ハーフウェイダウン前あたりからアームローテーションが始まる

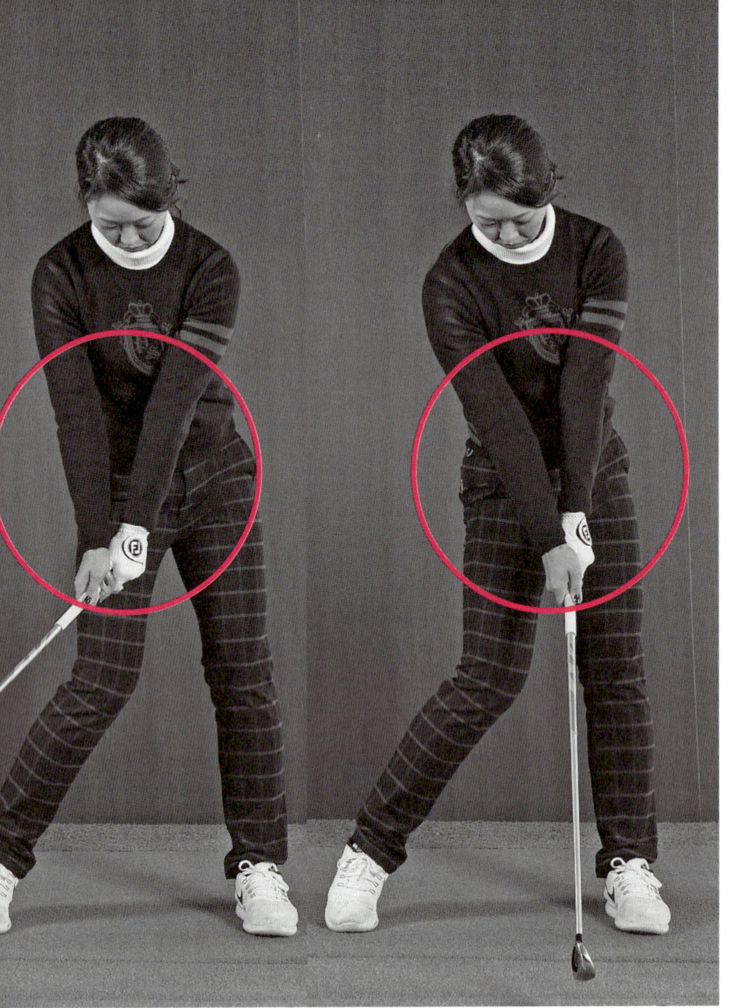

開いたフェースをアームローテーションでスクエアに戻す

ハーフウェイダウン前あたりからは、アームローテーション（腕の回旋）をしながらヘッドをスクエアに戻してインパクトに向かいます。

ゴルフクラブはシャフトの延長線上にクラブの重心がないので、フェースが開きやすいことが特徴です。ダウンスイング後半では、開いたフェースをインパクトでスクエアに戻すため、アームローテーションが必要になるのです。

開いたフェースをスクエアに戻す動きを、クラブを持ってリードしながら教えよう。右手と左手の入れ替え（アームローテーション）がポイント

動きをおさらい！

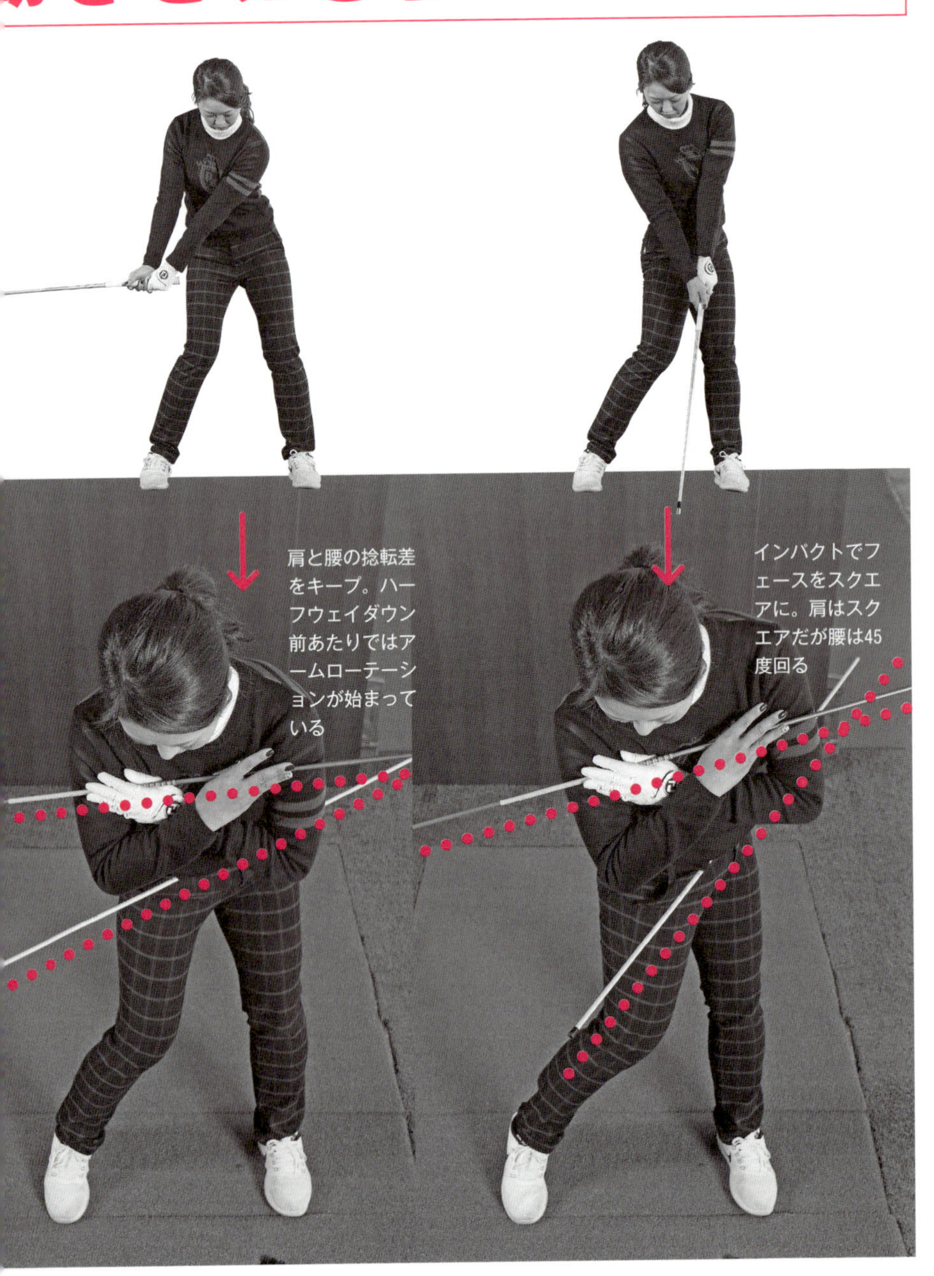
肩と腰の捻転差をキープ。ハーフウェイダウン前あたりではアームローテーションが始まっている
インパクトでフェースをスクエアに。肩はスクエアだが腰は45度回る

ダウンスイングの

トップでは肩が
90度、腰が45度
のポジション
重心と軸を飛球
線方向へ移動さ
せて切り返し。
シャフトを立て
下ろす

肩のラインはインパクトでターゲットラインと平行に

肩のラインはアドレスを再現する

「インパクトのポジション」というと止まった動きのように聞こえるかもしれませんが、正しいポジションを理解し、動きの中でそれを目指すことはとても大切です。

最初に肩のラインから。「インパクトはアドレスの再現」といいますが、これが当てはまるのが肩のラインです。アドレス同様、肩のラインをターゲットラインと平行にすることで、クラブがスクエアインパクトできる位置に戻ります。

インパクトではアドレスのときより腰が45度くらい回るのが目標

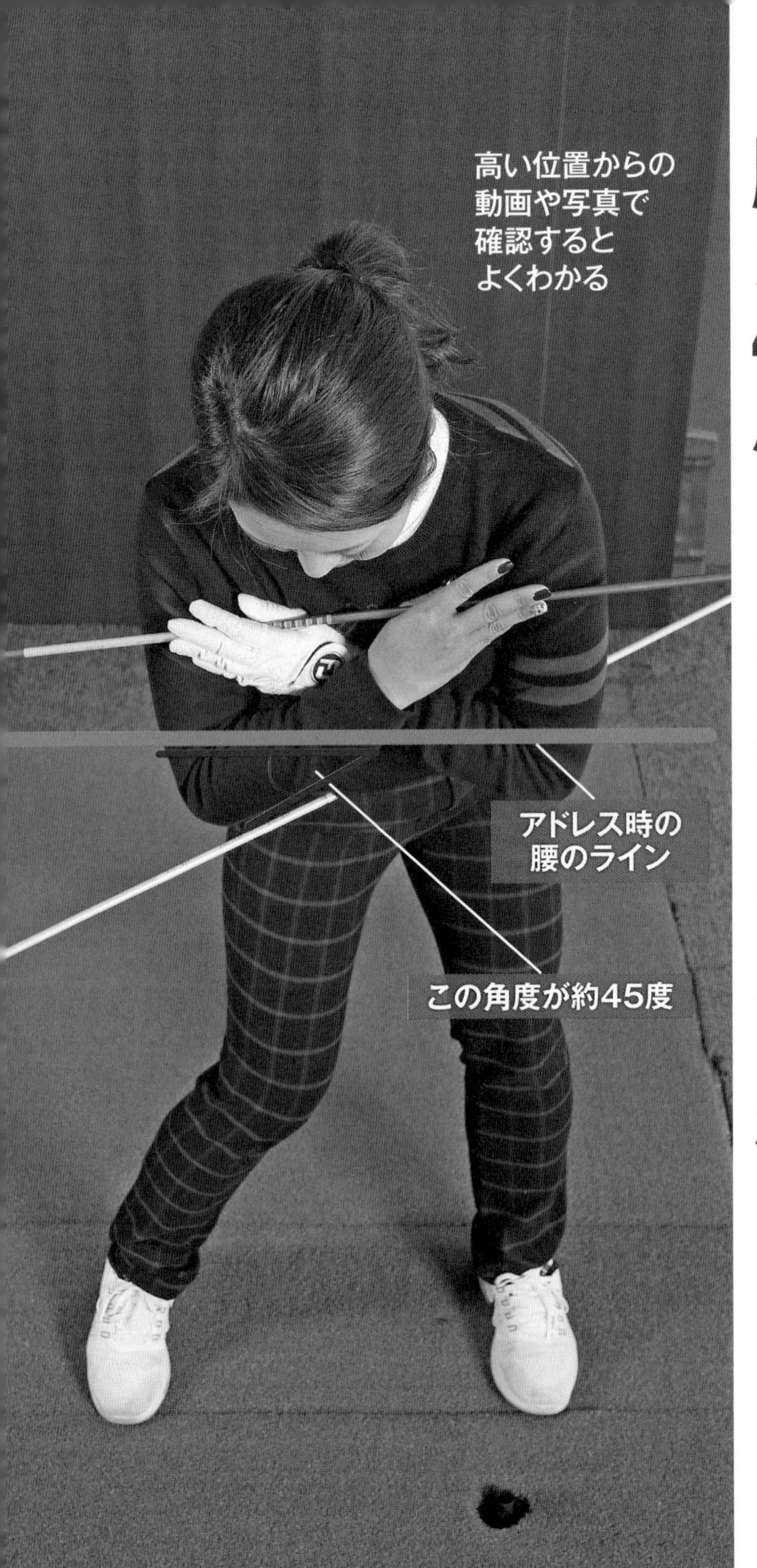

腰はアドレスの再現ではない

インパクトでの腰のポジションは、飛球線方向に約45度回ったところ。アドレスの再現ではありません。トップでつくった肩と腰の捻転差を維持したまま、インパクトをするわけです。下半身を先行させるという意識より、捻転差を維持することが大切。しっかり教えましょう。

ジュニア▶LESSON

頭を押さえてハーフスイングさせるとインパクトの練習になる

ゴルフを始めたばかりのジュニアは「頭が動きすぎる」「ボールから目が離れる」ことが多い。インパクトのポジションを覚えさせるためには、矯正も必要。頭を押さえてハーフスイングさせるのは、効果的な練習方法だ

インパクトの前方軸(アゴから左足内側)はアドレスの再現となるのが理想

後方軸（上半身の前傾角度）はアドレスからインパクトまで角度を変えずにキープする

上の写真のように「上半身が大きく左に動いている」（左）「体重移動ができていない」（右）のは、インパクトとアドレスの前方軸が大きくズレるのが理由のひとつ

前方軸を意識させるとカラダのポジションが整う

アゴから左足内側にかけた「前方軸」を意識することは、頭と上半身の正しいポジションをマスターするためにも大切です。この軸を、インパクトでアドレスの位置に戻すことが理想。軸が同じ位置に戻ればボールを正確にヒットできます。スライス、ダフリなど、ミスの多くは前方軸のポジションまちがいによって起こるのです。

このように、前方軸を管理することで正しい動きになることを教えましょう。

インパクトの剛性を高めるために右ヒジは少し曲がっていてもいい

右ヒジが曲がっているのは
右のワキが締まっている証拠。
カラダとクラブが
一体化となった
インパクトを
目指そう

右ワキがあいてスライスする人は、右ヒジが伸びていることが多い

カラダとクラブを一体化させるポイントが「右ヒジ」

スイングのエネルギーをロスなくボールに伝え、スピーディで強いインパクトをするためには、カラダとクラブが一体となった剛性感の高い動きが必要です。

カラダからクラブが外れないようにするためには、右ヒジの使い方がポイントになります。

プロのスイングを見ると、インパクトでは右ヒジが少し曲がり、それによって右ワキが締まっていることがわかります。この動きをすることで、クラブがカラダから外れないように一体化させているのです。

クラブがアウトサイドから下りてスライスしてしまう人は、だいたいインパクトで右ワキがあいています。注意して修正したいポイントです。

インパクトからフォロースルーで左腕が捻れているを確認する

左腕のひねりがうまくできないと、フェースが返らず、左ヒジが引けてスライスしやすい

フォロースルーの左腕を捻る意識をもつだけでボールのつかまりがよくなる

左腕を外旋して手のひらを正面に向ける

アームローテーションをしながらインパクト～フォロースルーを迎えると、ダウンスイングで甲がカラダの正面を向いていた左手は、手のひらが正面を向くようになります。これが正しい動きです。

右の写真のように、フォロースルーでは左腕を親指側に捻る（外旋）ように教えましょう。これができるとボールがつかまり、飛ぶようになります。

フィニッシュ

重心バランス

重心が安定する バランスのいいフィニッシュをつくろう

バランスのいいフィニッシュにとるために重心位置を意識しよう

飛球線方向への重心移動は多すぎても（右）少なすぎても（左）ダメ。左足1本でバランスよく立てるフィニッシュを目指そう

飛球線方向への重心移動は1本のライン上へ

冒頭に「ゴルフスイングはバランス」といいましたが、バランスよくスイングできたかどうかが顕著に表れるのがフィニッシュです。

スイング中の重心の移動は、おもに切り返しからの飛球線方向への移動です。

カラダの左右方向の重心バランスでいうと、1本のライン上で重心を動かすことがポイントです。カラダの前後方向では、重心がブレないことが大切。このふたつができれば、バランスよく振り切れるはずです。

下からあおるスイングになるとカカト側へ重心がブレる。スイングのバランスをもう一度確認するように教えよう

コンパクトなフィニッシュ

大きなフィニッシュは必要ない 左上腕が地面と平行ならOK

手の位置を高くしようとがんばる必要はない。コンパクトなフィニッシュを覚えよう

スマホでチェック！

左ヒジの位置と角度をチェックしよう

フィニッシュの上半身のポジションは、左腕がポイントになる。上腕が地面と平行か、ヒジが約90度曲がった状態かをスマホで確認しよう

手元のスピードが出ていればコンパクトになる

飛ばそうと思うと、あるいはカッコよく振ろうとすると、フィニッシュがついつい大きくなりがちです。でも、その必要はありません。

手元をスピーディに振る剛性感の高いスイングでは、フィニッシュは自然にコンパクトな位置に収まります。

ポイントは左腕。上腕が地面と平行になる程度で、フィニッシュは十分です。それ以上大きく振り上げるのは、スイング中のどこかに余計な動きある結果だと教えましょう。

column 4

ゴルフに触れる機会を増やそう

シミュレーションゴルフに行こう！

「コースに出るのはうまくなってから」とよく言われる。でも、練習場ばかりではモチベーションが下がり、ゴルフに興味をなくしてしまうこともある。こんな事態を避けるためにも利用したいのが、シミュレーションゴルフだ。まったくのビギナーでも気軽に利用でき、コースやゴルフプレーの雰囲気が味わえる。ゲーム感覚で仲間とわいわいやるのもよし、マンツーマンのレッスンをするのもよし。上手に利用すれば、上達のスピードがかならずアップする。

プロの試合を見に行こう！

ゴルフを始めた人に、早い段階で見せたいのがプロゴルファーのプレー。スイングの迫力、インパクトの炸裂するような打球音、すさまじい勢いの弾道と飛距離、グリーン上での強烈なバックスピンなど、「ゴルフってこんなにすごいんだ」という体験を、ぜひ味わってほしい。試合会場へ行くと、テレビではわからないさまざまなことに驚きやおもしろさを感じるはずだ。ゴルフコースで1日を過ごすこと自体も貴重な経験。ジュニアだったら、将来を決めるきっかけになるかも⁉

PART 5
ショートゲーム

練習に使うクラブは？

AW(アプローチウエッジ)を使おう

クラブの特性を利用しながらシンプルに打てるアプローチウエッジ

アプローチ（30ヤード以内）では、ボールを上げたりコロがさなくてはならないため、ロフト角が立ちすぎず寝すぎていない、アプローチウエッジ（ロフト角52度前後）を使うことをオススメします。

コンパクトなスイングで的確にミートしなければならないアプローチは、スコアメイクの肝です。将来、得意なクラブになるように繰り返し練習させましょう。

グリップはできるだけ短く持つ

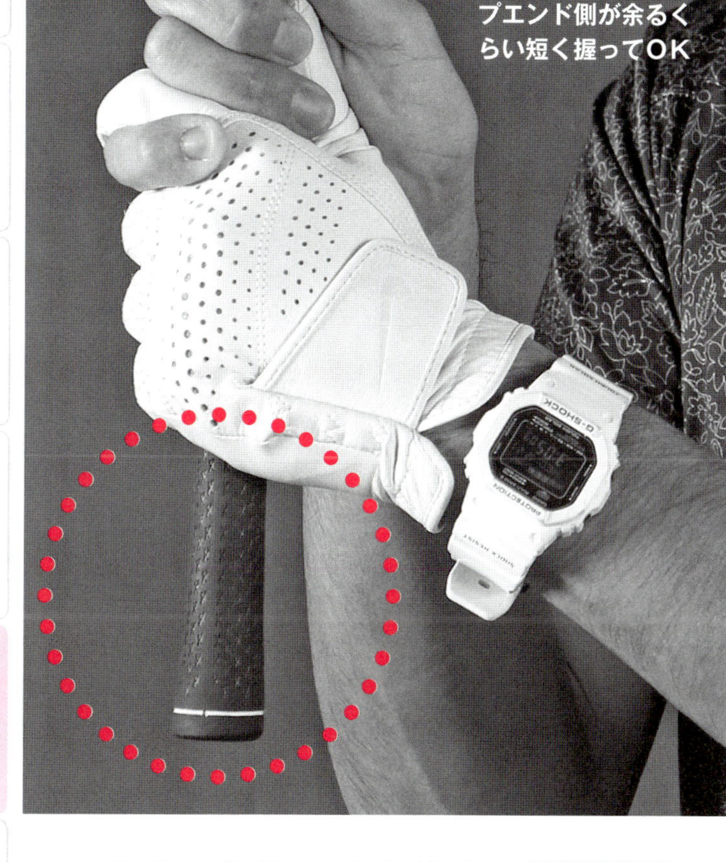

写真のようにグリップエンド側が余るくらい短く握ってOK

短く握ることでミート率がアップする

ゴルフは飛ばせばいいだけではありません。短い距離を狙いどおりに打てるようになることが、スコアをまとめるうえでとても重要です。

そのためには、クラブを短く持ってミート率を上げることも必要です。特にアプローチはもっとも正確性がほしいショットですので、まずはできるだけ短く持つことを教えてください。

ボールの近くに構えることが大事

アプローチを正確に打つには?

クラブを長く持つと「アドレスが窮屈になったり」（左）、「ボールから遠くに構えてしまう」（右）ので注意！

ボールに近づいて構えたいのにクラブを長く持ってしまうと、どうしても上の写真のような構えになってしまいがち。自分が「どういう構えになっているのか」の説明は、言葉で伝えるよりも写真を見せながら教えたほうが◎。

ジュニア ▶ LESSON

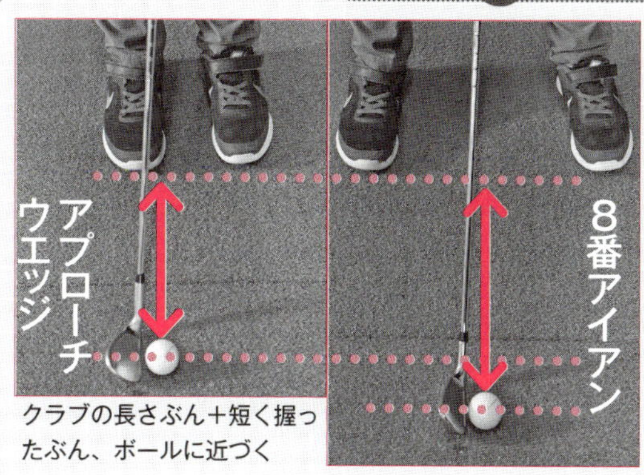

クラブの長さぶん＋短く握ったぶん、ボールに近づく

どの番手でもアドレスの基本は大人も子どもも同じ

左の写真は、ジュニアのアプローチウエッジと8番アイアンのボール位置の比較。ボールの位置はアプローチのほうがかなり近くなる。まずは「クラブを短く握ってボールの近くに構えるのがアプローチのアドレス」と教えよう。

ボールは「右のカカトの内側」、スタンスは「ややオープン」にしてハンドファーストで構える

ややオープンに構えると右のワキが締まる

右のワキが締まると、左の写真のように真っすぐ引きやすくなります。スタンスをややオープンにすることで、この動きがスムーズにできるようになります。

試してみよう！

右のワキを抑えながら始動すると、クラブを真っすぐ引きやすいことがよくわかる

アプローチ

「腕を伸ばす」「右手首の角度キープ」「左手親指のラインキープ」&「肩の上下の動き」でスイングする

インパクトがアドレスの再現になるのが理想

基本のスイングをきちんと覚えれば必ずスコアをつくる武器になります！

左手の親指をライン上に動かす

左手の親指をターゲットライン上に動かすことで、構えた方向に正確に打てる

腕を伸ばしてインパクトを正確にする

アドレスでヒジを伸ばして構えたら、その状態を変えずに振ることで確実にインパクトできる

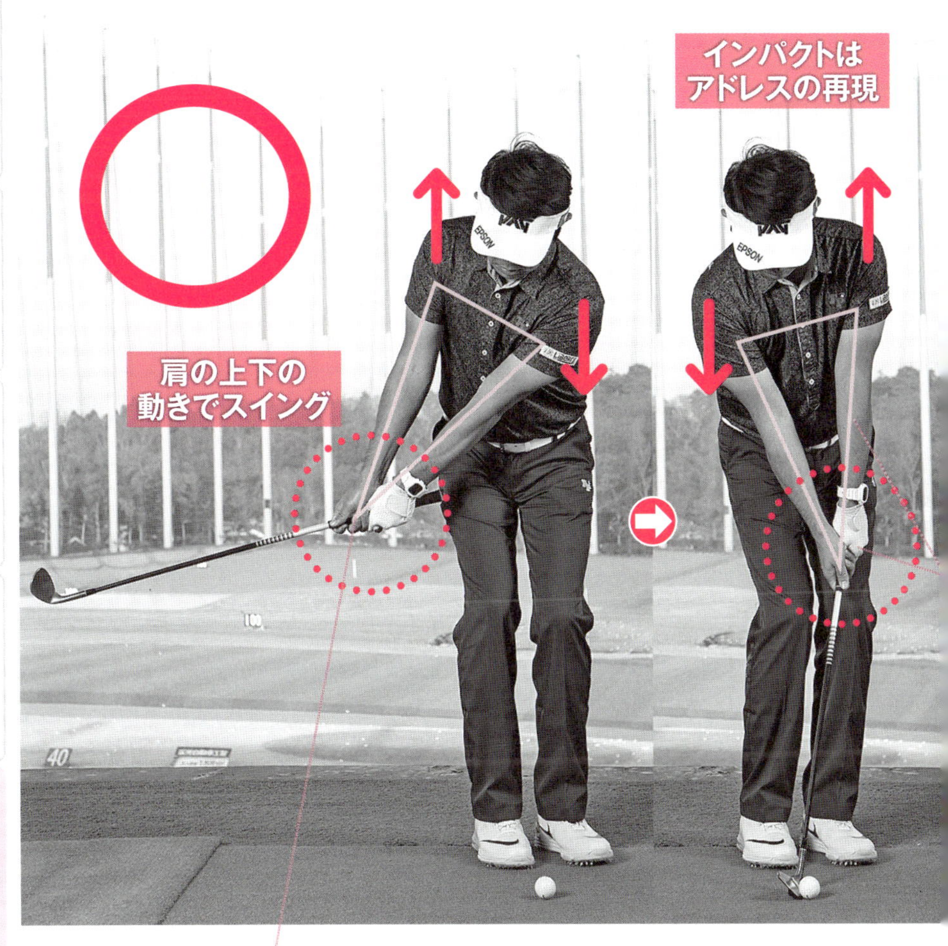

スイング中に右手首の角度を変えない！

構えたときの右手首の角度を最後までキープ。ロフト角が変わらなくなるので、ショットが安定する

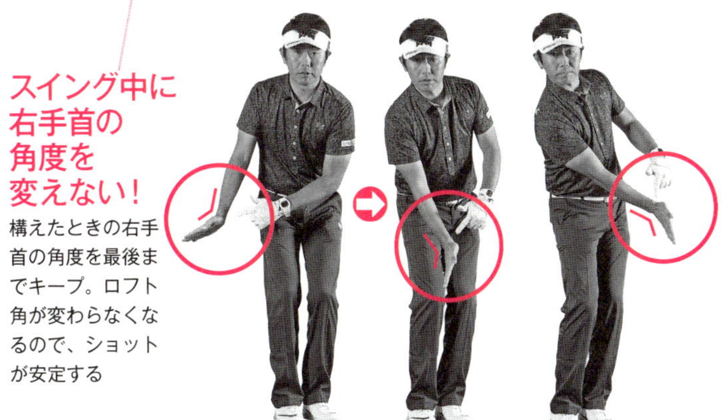

「クラブを長く持つ」「スクエアに構える」はワキがあいてクラブがヘッドがアウトサイドに上がりやすい

クラブを長く持って構えた場合

クラブを長く持って上体が起き上がる構えだと、テークバックで右ワキがあいてヘッドを真っすぐ引けない

スクエアに構えた場合

スタンスをスクエアに構えた場合も同じ。ヘッドを真っすぐ引こうとするほど右ワキがあき、アウトサイドに上がってしまう

チェック 2 バックスイング～インパクトは肩の上下の運動で！カラダが回転してしまうと、クラブの軌道は安定しない

クラブを胸板にあてて
肩を上下させる動きを教えてから
クラブを始動させよう

カラダを横に回転して
ヘッドを上げようとすると
インサイドに引きすぎてしまうので注意

チェック3 スイング中にカラダの軸がブレない練習方法 「みぞおち」を動かさない意識をもってスイングしよう

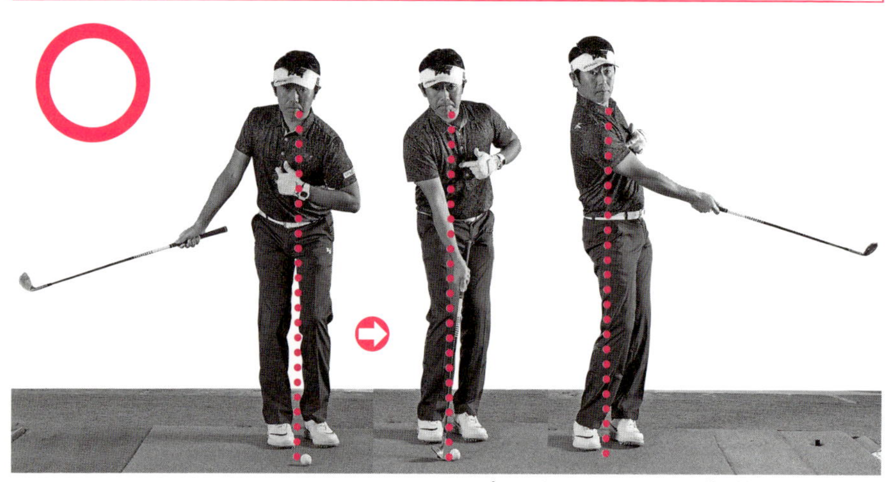

アプローチショットで、カラダの軸を安定させるドリル。カラダの中心にある「みぞおち」を意識することで、スイングがシンプルな動きになり、軸がブレにくくなる

みぞおちが左右に動くと軸はカンタンにブレる

スイング中に「みぞおち」の位置を意識していないと、カラダの軸はカンタンにブレる＝インパクトでの入射角が安定しなくなるので注意したい

ターゲットライン上をスイングする練習をしよう

①スティックやクラブなどを置いてターゲットラインを決める。②ライン上でフェースの向きをキープしたままスイングする。うまく打てたときには、③のようにフォローでもフェースの向きがキープできているはず。かなりシビアな練習だが、ぜひ試してみよう

チェック4 距離の打ち分けは、振り幅で調整する

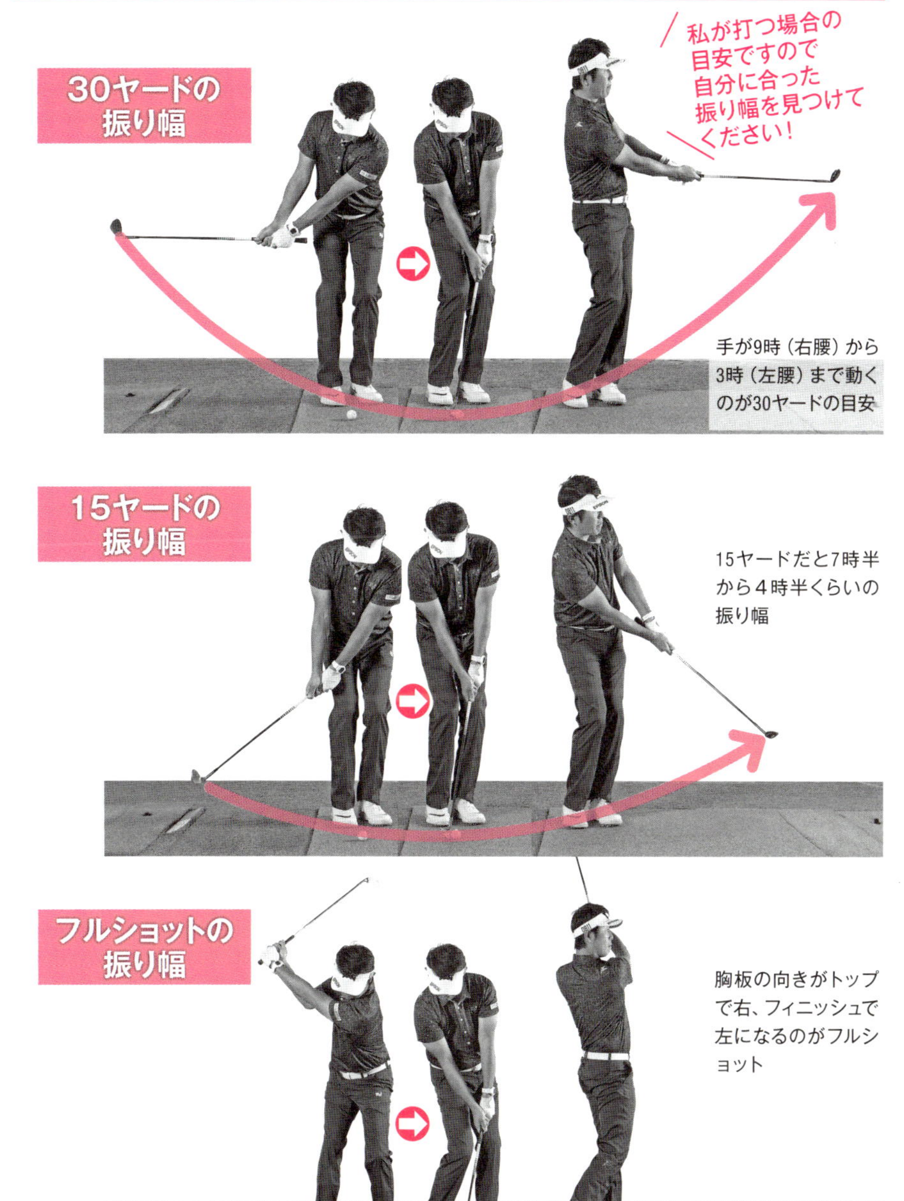

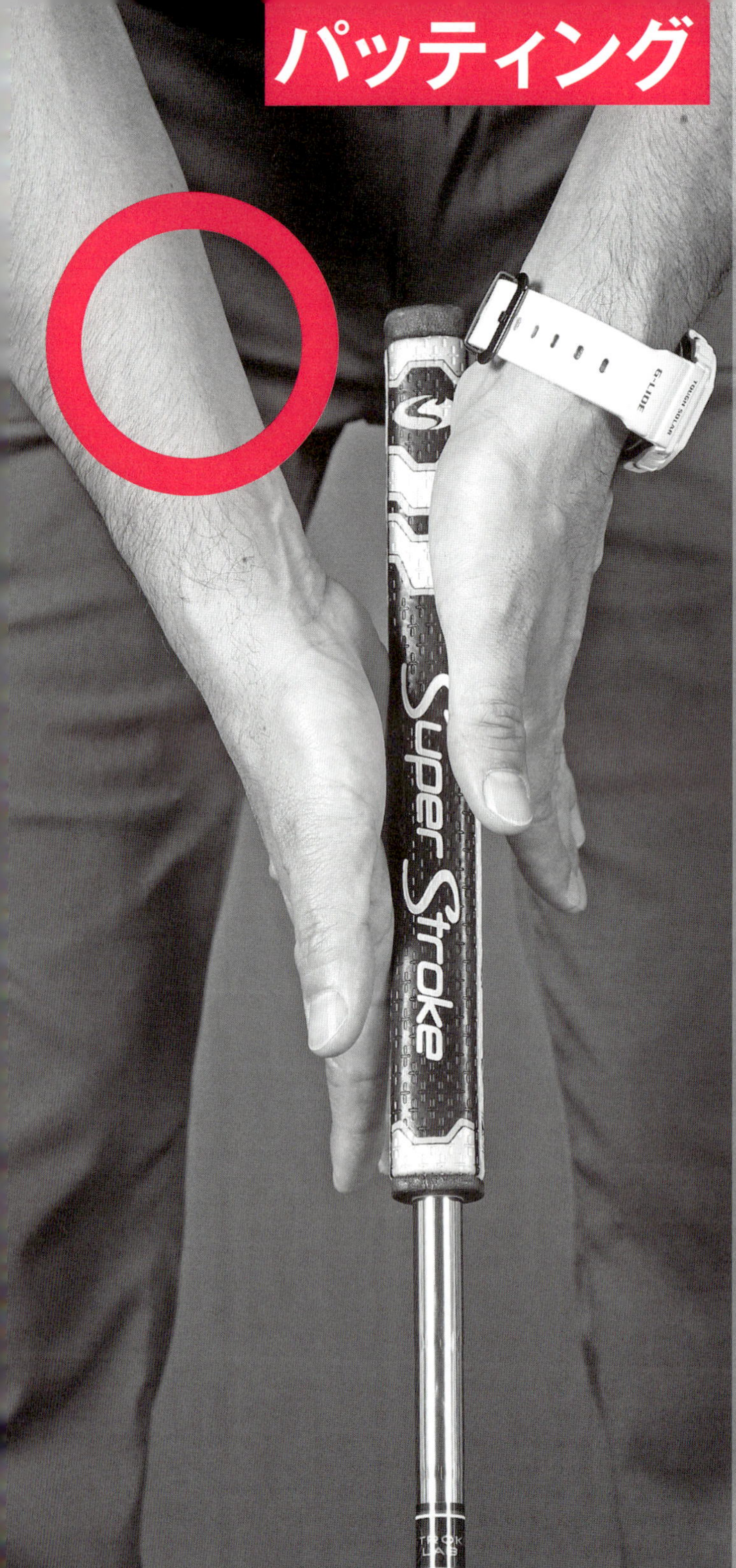

グリップの真横に手のひらを合わせてから握る

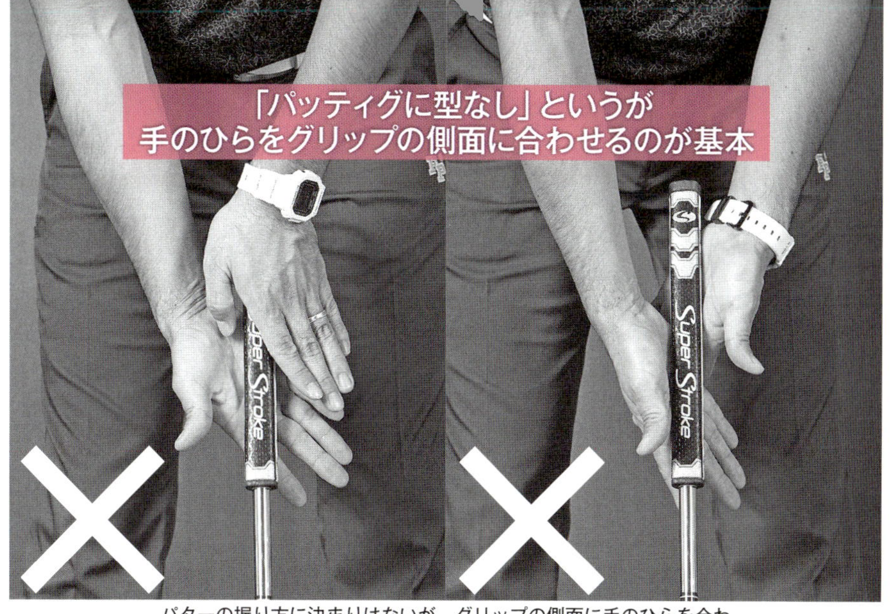

パターの握り方に決まりはないが、グリップの側面に手のひらを合わせて握ると「方向性」「ボールの勢い」などが安定する

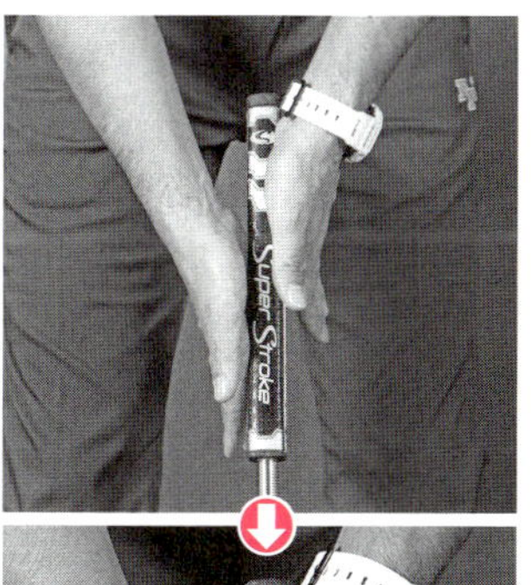

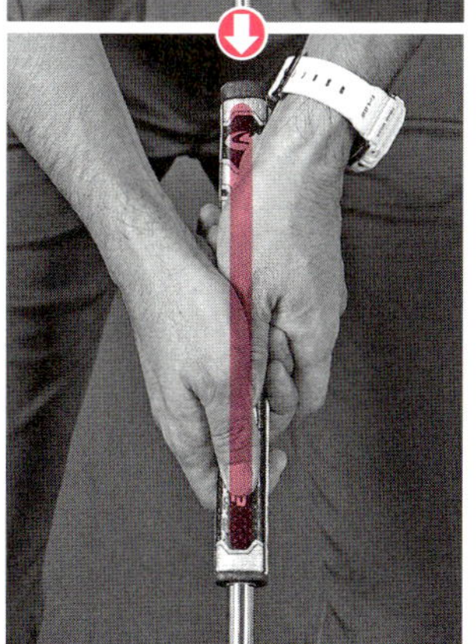

親指はグリップの平らな面に一直線になるのが基本

パッティングのグリップは、正面から見るとグリップの平な面に左右の親指が一直線になっているのが基本（左）。グリッププレッシャー（握る強さ）は、全力で握る力を「10」としたら、両手とも「5」くらいの「強すぎず弱すぎず」の感覚で。強すぎでも弱すぎでも、ストローク中に一定の強さで握れる人は、グリッププレッシャーを気にしなくてもいい。

順手でなく、逆手で握ったり右手は添えるだけのグリップもある

クロスハンドグリップ

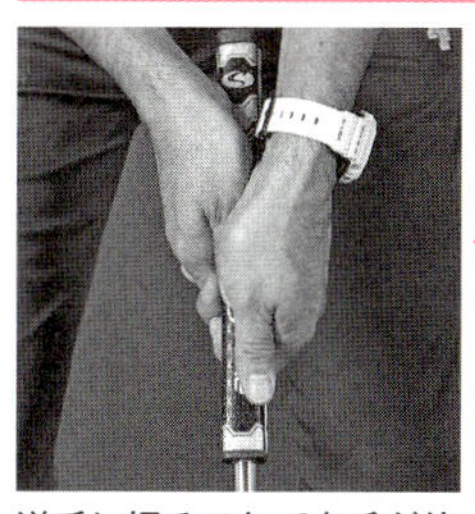

逆手に握ることで右手が使いづらくなり、左手のフォローでボールが打てる

クロウグリップ

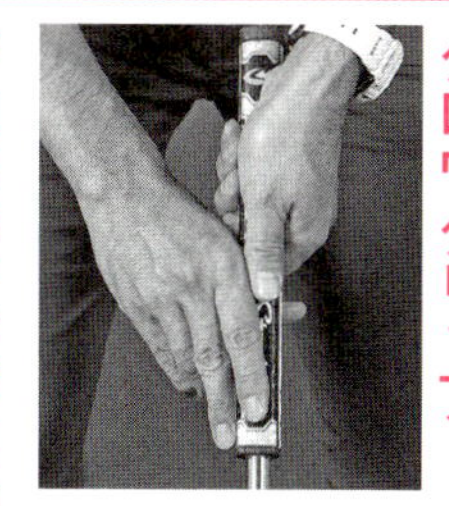

右手はペンをもつように支えるだけ。右手の使いすぎ防止に役立つ

親指以外の指はグリップが安定すれば（ストロークしやすければ）どんな握り方でもOK！

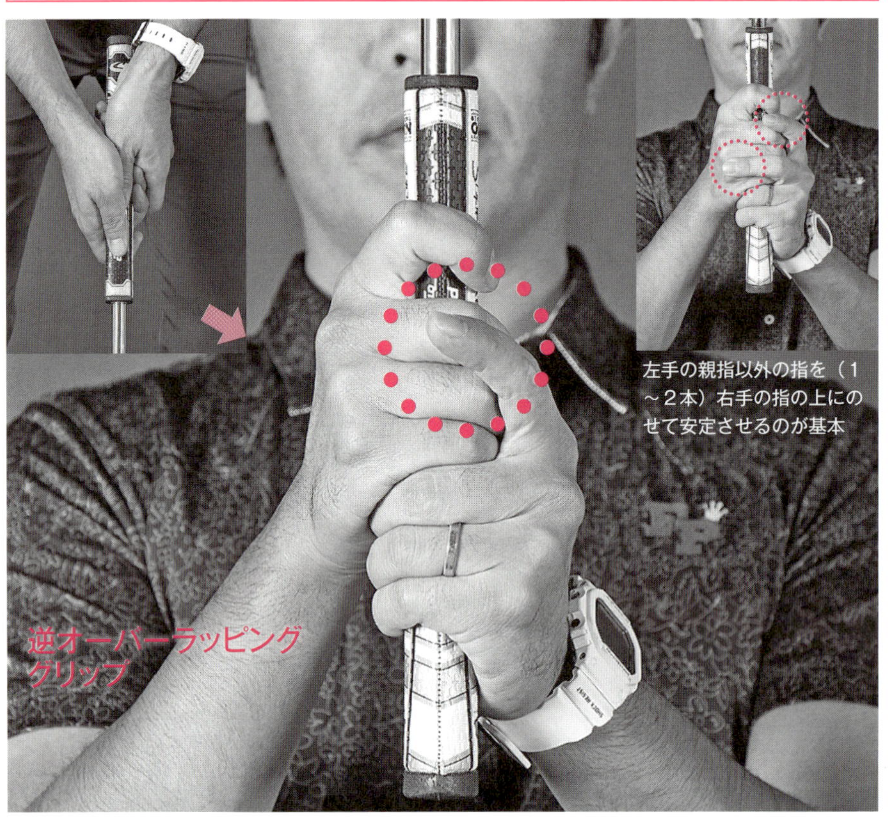

左手の親指以外の指を（1～2本）右手の指の上にのせて安定させるのが基本

クロスハンドグリップ

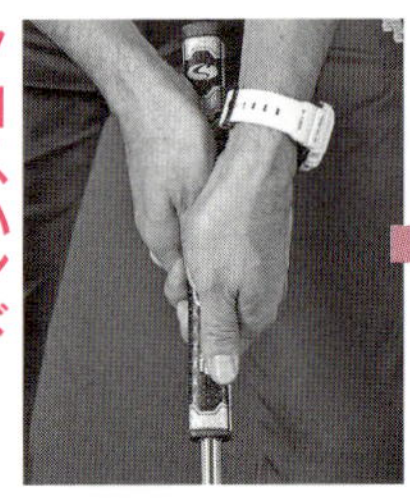

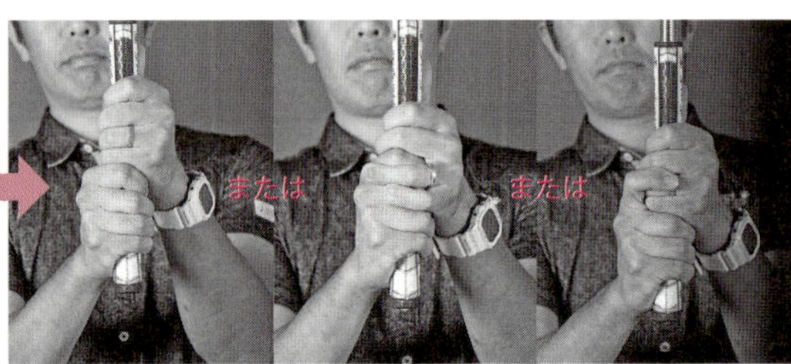

クロウグリップ

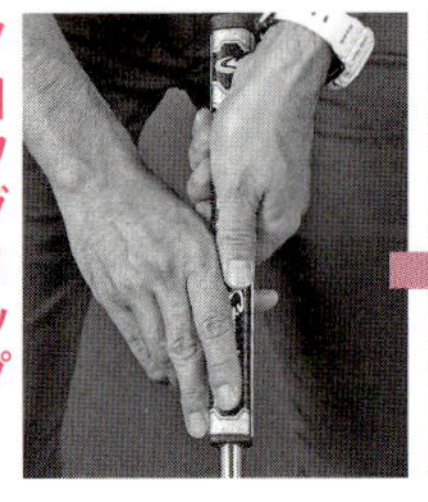

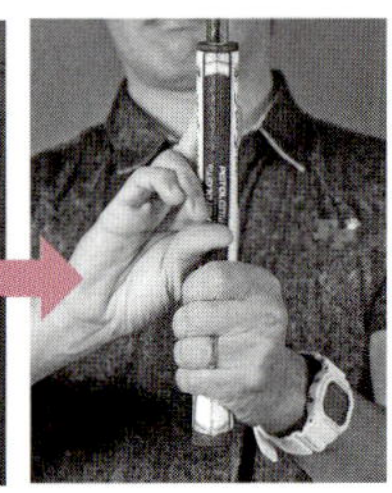

グリップと両手の一体感があり、安定したストローク（3球試し打ちをし、同じようにコロがるかを見極める）ができればどんな握り方でもOK。教える人に合う握り方を一緒に見つけてあげよう

パッティング

初心者に合うパターの選び方

ミスヒットに強い大型マレットがオススメ！

慣性モーメントの大きさ＝ミスヒット時の許容範囲の広さ

最初はボールをフェースの芯でとらえることはなかなかむずかしいため、ミスヒットに強いパターを選んであげよう。慣性モーメントの大きいヘッドなら、フェースの芯を外したときの許容範囲が広いため、コロがる距離のロスや方向の狂いが少なくてすむ。

パッティング

アドレスの基本

7つのポイントをチェックする

正しいアドレスが正確なストロークを生み出す

両手に一体感のあるグリップを決めたら、次に基本のアドレスを教えましょう。

ボールを狙いどおりに真っすぐコロがすには、インパクト前後でヘッドがターゲットライン上をなぞらなければなりません。そのためには、カラダのどこかが窮屈だったりスタンスが間違っていると、軸がブレてバランスを崩してしまう＝ミスヒットになってしまいます。

アドレスの7つのポイントは、ぜひ2方向から写真を撮って確認してください。

腰から下は絶対に動かさない

基本をチェック 下半身（腰から下）を絶対に動かさない！
3つのチェックポイント

❶ヒザは絶対に動かさない

❷左肩を下げて始動する

❸左肩を上げてフォロー

パターのヘッドをターゲットライン上で「真っすぐ引いて、真っすぐ出す」には、腰から下の動きは不要。下半身を動かさずに始動からフォローで左肩の動きだけでストロークできれば、「オートマチックなパッティング」が完成する

アドレスが正しくないと狙いどおりにボールはコロがらないので注意！

チェック1 ボールが左ににコロがってしまう場合は「スタンス」を確認

スタンスが狭いとヒザが動いて不安定になる

スタンスが狭いとヒザが動いて、カラダが余計に回転してしまう。フェースがかぶる原因になるので気をつけたい

チェック2 ボール軌道が安定しない場合は「ワキのあき」と「ヒジの位置」を確認

「ワキがあいている」「ヒジがカラダから離れている」とインパクトは安定しない

ワキがあき、ヒジがカラダから離れていると、ヘッドを押し出そうとしたときに腕が窮屈になり、手打ちになってまうので注意

ターゲットラインを明確にして
ライン上をなぞる素振りを繰り返す

狙いどおりにコロがすには
ヘッドを「真っすぐ引いて→
真っすぐ出す」だけ。
カラダで覚えるまで
練習あるのみ！

ワキを必ず締めて おなかに力を入れる

素振りの前に必ずしてほしいこと。ひとつは、下半身を安定させるために「おなかに力を入れる」。そして「両ワキを締めて→両ワキでストロークするイメージをもつ」こと。右の写真のように両ワキを動かそうとすると、自然と左肩が動くので、ぜひ試してみてください。

両足の前にターゲットラインと平行になるようにスティックを置き、「ヒザ、腰、肩の向きがターゲットラインと平行になっている」ことを確認してから素振りを始めよう

スマホでチェック！

腕の中にできる五角形をキープしよう！

正しいアドレスでスムーズなストロークのときは、アドレスのときにできる肩と腕でできた五角形が崩れない。動画を撮影してチェックしてみよう。

column 5

練習にひと工夫

「ゴルフノート」をつくろう

ゴルフはなかなか上達しないもの。みなさんにも実感があるかもしれないが、以前できていたことができなくなったり、直ったと思ったミスが止まらなくなったりと、行ったり来たりして思うように前に進まないのがゴルフだ。あなたがゴルフを教える相手も、こんなジレンマに陥る可能性が高い（？）が、それを克服する方法のひとつが「ゴルフノート」をつけることだ。練習でうまくいったことやできなかったこと。なんでもいいのでノートにメモするようにすると、後から見返して役に立つことがけっこうある。子どもには教育の一環としてやらせる効果もあるだろう。教え初めをきっかけに、あなた自身もノートをつくってみては？

「スイングづくり」と「ショットづくり」を区別する

練習をしていると、ボールの行方が気になるものだ。カラダの動きの修正点を練習しているときでも、いざボールを打つと動きよりもショットの結果を追ってしまう。こんな状態では、修正点が直ったかどうかもよくわからないままボールを打ち続けるだけの練習になり、なかなか上達できない。これを克服するには「スイングづくり」と「ショットづくり」を区別することが大切だ。スイングづくりをしているときは、ボールの行方を気にしてはダメ。この点、広い練習場より結果がわからない室内打席のほうが効率がいい。教える相手にも、この区別をきちんと伝えることで、上達のスピードが上がるはずだ。

PART 6

ひとりでできる練習ドリル

インパクトの感覚を養う

インパクトまでのイメージトレーニング

アドレス〜インパクトまでの正しいクラブ軌道が身につく、アイアンの「右腕エア素振り」！

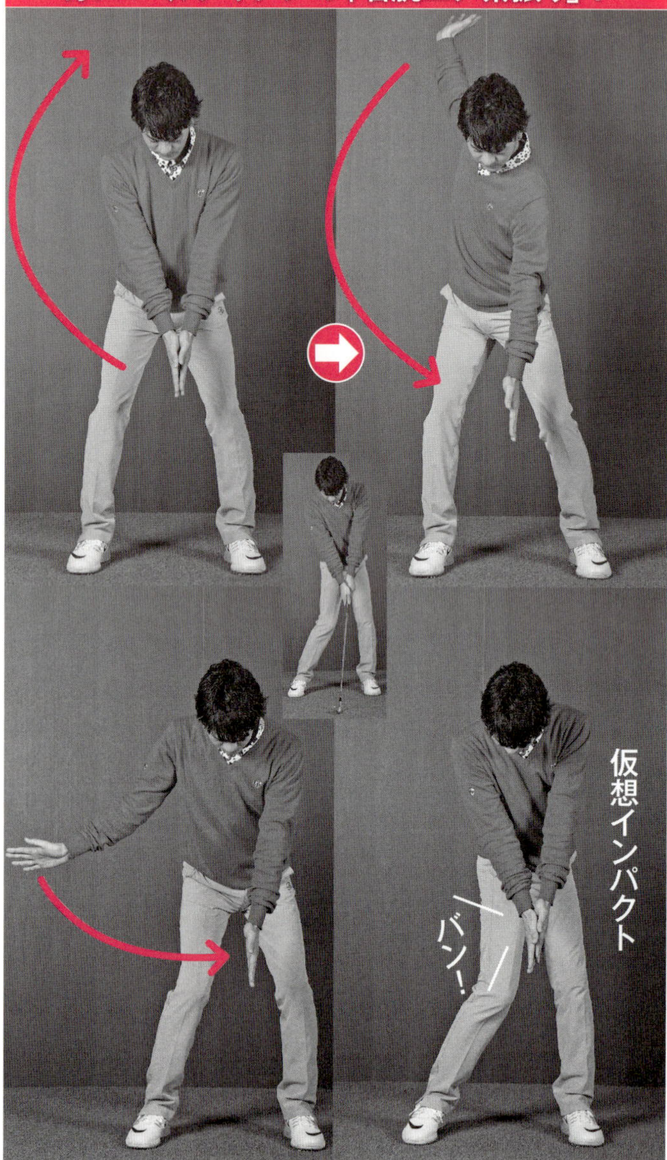

右腕を「シャフト」、右手のひらを「フェース」とイメージして「右腕エア素振り」をしてみよう。右腕がオンプレーンで振れていないと仮想インパクトで両手のひらがうまく重ならないので注意が必要だ。繰り返し練習することで理想のインパクトの感覚が養える、カンタンなオススメ練習方法のひとつ。

スイングづくり

右手のひらに乗せた紙が落ちない手首の角度を覚える

右手首の正しい動きを覚える

トップからの正しい手首の使い方が身につく、「つかまりがよくなる」ドリル

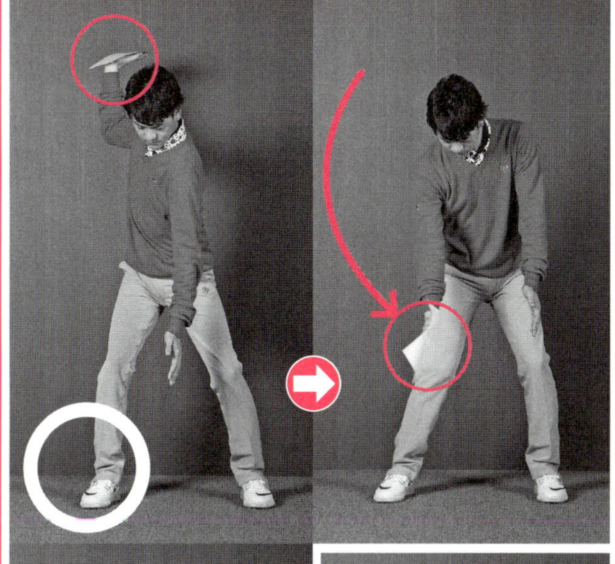

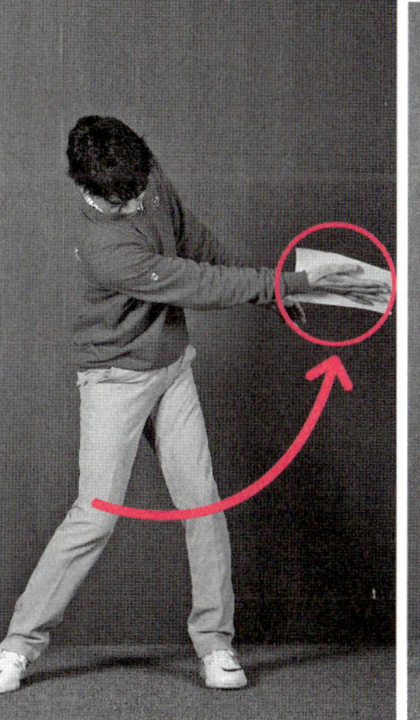

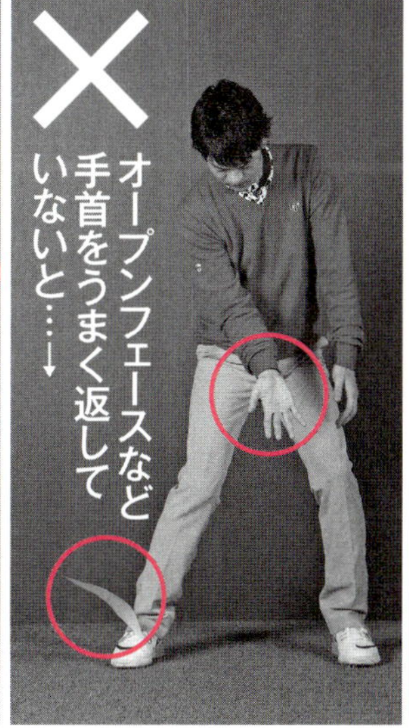

×
オープンフェースなど手首をうまく返していないと……↓

オンプレーンで振るための「右手首の動きを覚える」ドリル。①トップの位置にコピー用紙などの薄い紙を置く。②右手をスイングと同じようにゆっくりめに動かす。紙が落ちなければボールをつかまえる手首の使い方ができている。紙が落ちてしまったら手首が余計な動きをしている証拠なので修正しよう。

目標に対して平行に構える練習

スクエア感覚を養う

「ツマ先」「ヒザ」「腰」「肩」のラインが
平行になっているかをつねに確認する

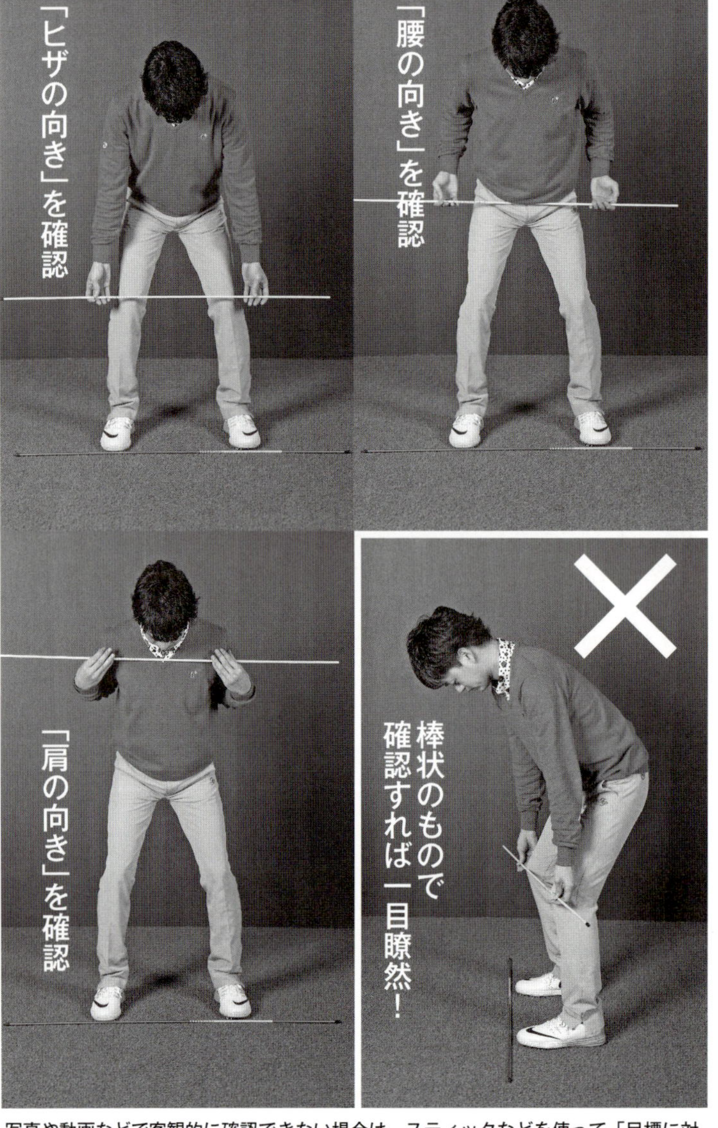

写真や動画などで客観的に確認できない場合は、スティックなどを使って「目標に対して平行に構えられるか？」をチェック。最初にツマ先に目印になるラインをつくり、「ヒザ」「腰」「肩」が平行かどうかを棒状のもので確認するだけ。自分のスクエア感覚がまちがっていないとわかれば、アドレスのときの不安要素がひとつ減る。

トップの位置を確認

右腕を抑えてトップの位置を矯正する

オーバースイング防止法

オーバースイングを直したいときに最適な矯正法

右腕を抑えながらの素振りを
後方から動画でチェック!

理想のトップの位置までしか
右腕は上がらない

右腕を抑えながらの素振りを
正面から動画でチェック!

右ヒジをカラダから
離さずに
ダウンスイングできる

「理想のトップの位置」までしか右腕が上がらないドリル

左手で右腕を抑えて素振りをすると、「理想のトップの位置」までしか右腕は上がらないため、オーバースイングの矯正になる。また、切り返し～ダウンスイングでヒジがカラダから離れない＝理想のダウンスイングの軌道を覚えることができるため、一石二鳥のイメージトレーニング。

切り返しのキッカケをつくる

股関節を使う&腰を回転させる

腰を使った正しいインパクトを覚える

**切り返しからインパクトまで
股関節を使って腰をしっかり回転させる**

上半身から切り返してしまい手打ちになったり、カラダの軸がブレてしまう人が多いので、下半身を使って動き出すドリルを紹介。上の写真のように切り返しで左の股関節や腰を動かすきっかけをつくってあげる（左の腰を上に持ち上げる）と、股関節と腰は自然と動きだし、インパクトまで腰がスムーズに回転できるようになる。また、左手が「左のカベ」になることが実感できることもポイント。

前傾角度

股関節を動かして前傾角度キープ

スイング中の前傾角度キープ

股関節の動かし方が正しければ
前傾角度がキープできるドリル

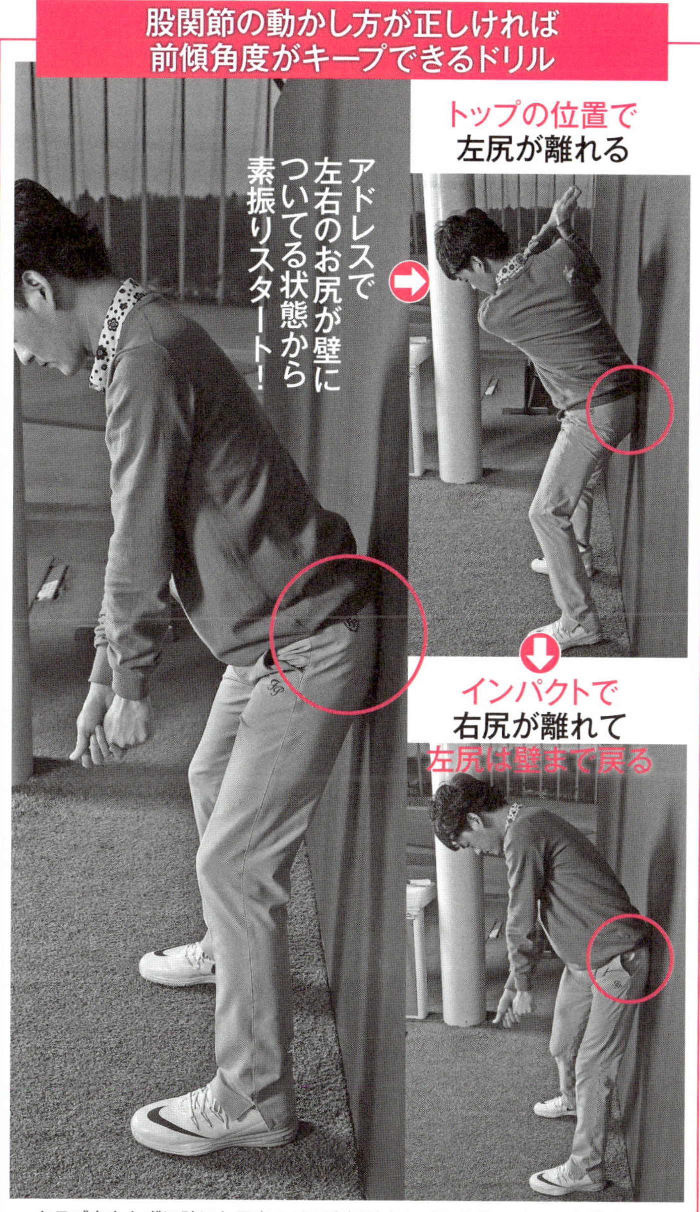

クラブをもたずに壁にお尻をつけて素振りをしてみよう。チェックポイントは「アドレスで壁に両尻がついている」「トップの位置で左尻が壁から離れる」「インパクトで右尻が壁から離れ左尻が壁に戻る」。トップの位置で左尻が壁から離れていない場合は股関節が使えてない捻転不足。インパクトで左の尻が壁に戻ってこないと振り遅れているのでチェックしよう。

1ヤードをキャリーさせるアプローチ

シビアなインパクトを習得

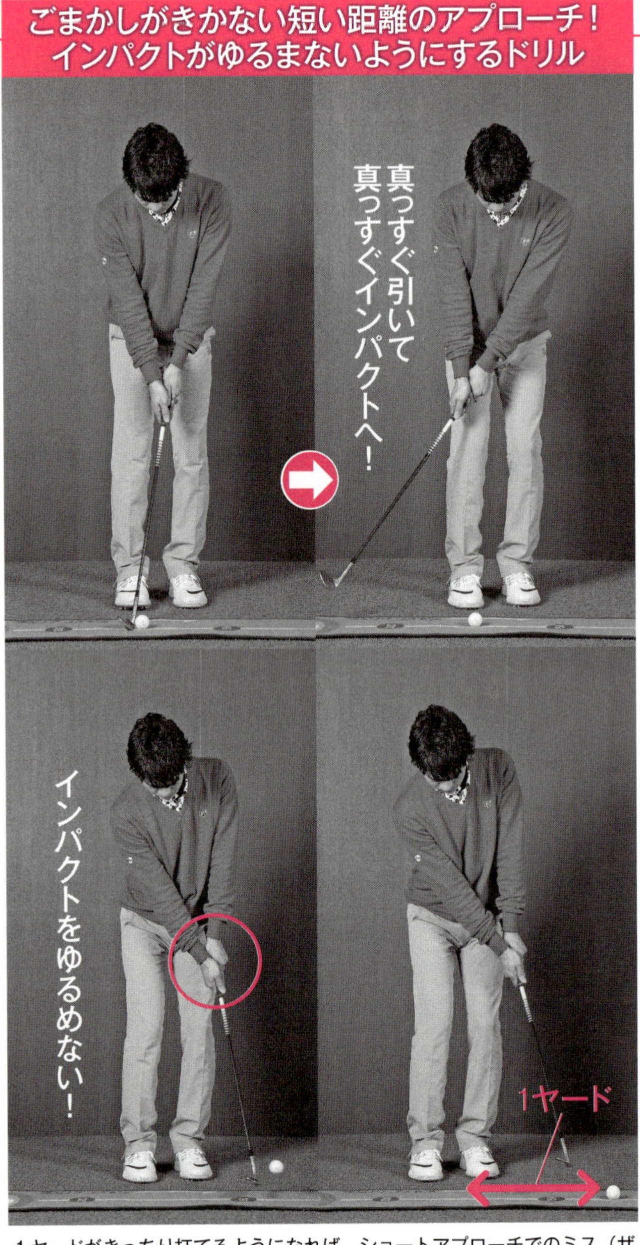

1ヤードがきっちり打てるようになれば、ショートアプローチでのミス（ザックリ、トップなど）のミスが減る。理由は、インパクトがゆるまなくなるから。試してみるとわかるが、インパクトが少しでもゆるむと1ヤードがうまく打てない。難易度は高いが、ぜひ試してみよう。

パッティング

ストローク練習

「真っすぐ引いて、真っすぐ出す」練習は平行なスペースをつくってストローク

パッティングの練習は単純なほど効果あり！

ヘッドのタテ幅に２本の棒などを置き、そのスペースの中でストロークする練習。少しでも手首を動かしてしまうと、ヘッドを真っすぐ動かせない。とにかく真っすぐコロがしたい人の、とっておきの練習方法だ。

これからコースデビューする人への アドバイス方法

❶ これは絶対！ スタート前は「捻転」のストレッチを入念に！

捻転できれば飛距離が出る！

ゴルフは「頭や下半身の動きを制御して、上半身を回転させる動き＝捻転」が大事なスポーツです。

ちなみに、プロゴルファーはもちろん、パワーのない女性やスリムなカラダでも飛距離が出る人は、みなさん「捻転」がしっかりできています。

ですので、上半身の筋肉をしっかり伸ばすストレッチを行えば、朝イチから「ナイスショット」の出る確率は上がります（朝イチだけではなく、普段からストレッチをしてほしい！）。必ず効果が出ますので、とにかく実践あるのみ！

2 練習グリーンで確認してほしいこと！

グリーン上で恥をかかないために

ビギナーには必ず試してもらいたい、グリーン上の距離感の調整方法を紹介しましょう。

「あちゃー、またオーバーしちゃった。これじゃ３パット確定だよ……」

これは、ビギナーやパッティングが苦手な人がよく口にするセリフですが、どうしてオーバーしてしまうのでしょうか？

それはきっと、「今日の自分がどれくらい打てばどれくらいボールがコロがるのか」を確認していないからだと思われます。

この状況を回避するために、朝の練習グリーンで「今日の自分がヘッド１個分のストローク幅でどれだけボールがコロがるのか」の感覚を覚えてもらいましょう。

もちろん、ヘッド１個分ではなく「構えたところから右足親指までのストローク」でもかまいません。「自分が決めた振り幅がどれくらいコロがるのか」がわかればＯＫです。

もし、オーバーやショートのパッティングが続いてしまっても「ヘッド１個分のストローク幅のコロがり」を思い出せれば、距離感の調整方法はカンタンになります。

❸「練習場」でも「コース」でも、同じ気持ちでスイング！

仮想ターゲットをつくる＆本気の素振り！

練習場にはスクエアに構えられる「ライン」が数多く存在します。練習場では無意識に「いつものアソコ＝ターゲット」を狙ってスイングしているはずです。

ところが、コースには明確なラインやターゲットを見つけることはできない……。

そんなときは、いつも行く練習場のターゲットを思い出して、コースで「仮想ターゲット」をイメージしてもらいましょう。最初はなかなか慣れないかもしれませんが、このイメージづくりを繰り返していると、コースで「どこを狙って打てばいいのか」がだんだんと感覚でわかってきます。

そして、仮想ターゲットが決まったら、きちんとアドレスして、本気の素振り！ この素振りは、ショットと同じ力加減で行うように教えてください。本気の素振りをすることで、集中力のスイッチが入り、何も考えずにプレーするよりも成果が現れるはずです。

４ 最初のティーショット前に「緊張を解き解くストレッチ」

緊張しているしプレッシャーがかかる朝イチのティーショットでは、「肩甲骨を下げて肩の力を抜く」ストレッチをオススメします。方法はカンタン。肩を目いっぱい上げて、息を吐きながらストンと肩を下げてみる。この動きを繰り返してみると、肩甲骨が下がって肩の力が抜け、リラックスした状態が実感できます。

５ 「ヤバい！」と思ったらとりあえずクラブを短く持って打つ！

「この状況、むずかしそう……」と思ったら、とにかくクラブを短く握ってスイングさせましょう。短く持つと「ミート率アップ＋スイングの再現性アップ＝ナイスショットの確率アップ」。スコアを大崩れさせないために、「トラブルのとき（深いラフ、林の中から脱出など）は、クラブを短く」と教えましょう。

コーチ

石川純平

（いしかわ・じゅんぺい）

20歳からゴルフ場に務め、さまざまなゴルファーを見てきた経験を生かしてレッスンを行う。レベルに応じたサポートがモットー。日本プロゴルフ協会ティーチングB級。2016年にTPI（Titlist Performance Institute）Level1を取得。千葉県出身。

菊地明砂美

（きくち・あさみ）

2010年プロ入会。プロのトーナメントでの経験を元に、より実践的なアドバイスを伝える。初心者へのていねいなレッスンも好評。北海道出身。

石井　忍

（いしい・しのぶ）

日本大学を経て1998年プロテスト合格。トーナメント活動のかたわら、トッププロを指導する。プロツアーでの豊富な経験に基づく的確な指導と、最新機器を使った科学的な解説をミックスし、独自のレッスンを展開している。千葉県出身。

モデルのみなさん

國吉愛良さん

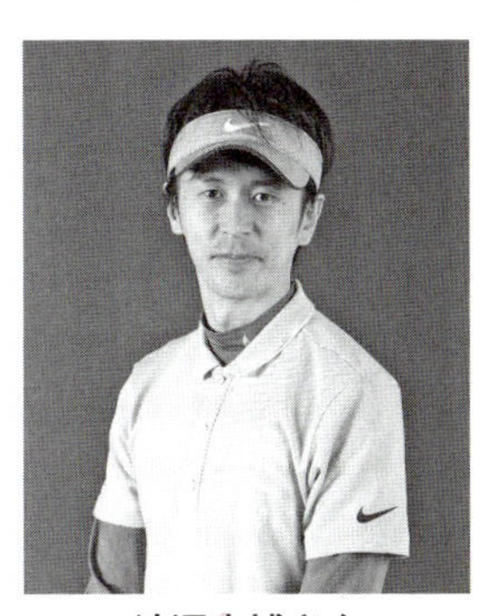

渡辺之博さん

大迫茉奈さん

エースゴルフクラブ

プロゴルファー石井忍が主宰する会員制ゴルフレッスンクラブ。2014年開校。千葉校と神保町校があり、千葉校はパーソナル、グループ、ジュニア、神保町校はマンツーマンで内容の濃いレッスンを個室で提供している。スタッフにはゴルフを熟知した男女実力派コーチがそろう。

http://agc-tokyo.com/

千 葉 校　☎043-234-3636
神保町校　☎03-5217-5775

ゴルフ用語解説

ゴルフでは普段聞きなれない専門用語や英語が数多く使われます。
ビギナーに教える場合、きちんと内容を理解してもらうために、
なるべくわかりやすい言葉で教えてあげましょう。

《あ行》	
アイアン	ヘッドがステンレスや軟鉄など 金属でできているクラブの総称
アームローテーション	スイング中の腕のひねり
アウトサイド・イン	クラブがカラダの遠くから近くに向かって振り抜かれる軌道。 スライスしやすい
アタックアングル	インパクト時のヘッド軌道の角度。 角度が大きいとダウンブロー、小さいとレベルブロー
アッパーブロー	インパクト付近でクラブヘッドを下から上に振り上げる軌道。 ドライバーはこの軌道で打つとバックスピンが減って飛ぶ
アップライト	適正なスイングプレーンより高い位置にクラブが収まること。 また、ライ角が大きいことも指す
アドレス	ボールを打つための構え。クラブのソールを 地面につけた時点でアドレスをしたことになる
アプローチショット	グリーンを狙って打つショット。 日本ではグリーン近くからのショットのことをいう。「寄せ」
アンコック	バックスイングで折られた手首が ダウンスイングで元に戻ること
イップス	緊張などで手が動かなくなり、スイングやストロークが スムーズにできなくなってしまう症状
インサイド・アウト	クラブがカラダの近くから遠くに向かって振り抜かれる軌道。 フックしやすい
インターロッキング・グリップ	右手の小指と左手の人さし指を絡ませて握るグリップの方法。 手の小さい人に向いている
インテンショナル・ショット	意図的にボールを曲げるショット
インパクト	クラブのフェースがボールに当たる瞬間のこと
ウィークグリップ	左手を横から浅めに、右手をややかぶせるように握る グリップの方法

ウエイトシフト （体重移動）	バックスイングで右側に、フィニッシュに向かって 左側に体重を移す動き
ウエッジ	アプローチショットなど、短い距離のショットに用いるクラブ。ロフトの大きいものから順にロブ、サンド、アプローチ（ピッチングサンド、ギャップ）、ピッチング
ウッド	ヘッドが大きく、長いクラブの総称。以前は木製（現在は金属製）だったためこの名前がついた。1番＝ドライバー、2番＝ブラッシー、3番＝スプーン、4番＝バフィ、5番＝クリーク、と名前がついている
Xファクター （捻転差）	上半身と下半身の捻転量の差。 差が大きいほどパワーが生まれる
エクスプロージョン	バンカーでボールの手前の砂にヘッドを叩き込み、 砂の爆発力を使って打ち出す方法
オーバースイング	スイングのトップでヘッドが地面を指すように 必要以上に回ってしまう動き
オーバーラッピング・ グリップ	右手の小指を左手の人さし指と中指のあいだに 上から置いて握るグリップの方法
オープンスタンス	両足のカカトを結ぶラインが飛球線より左を向くスタンス
オープンフェース	クラブフェースが開いて右を向くこと。 スライス回転がかかりやすい
オフセット	ヘッドのリーディングエッジ（刃）がシャフトの延長線よりも 右側にあることをいう
《か行》	
慣性モーメント	クラブやヘッドの動きにくさを数値化したもの。 ヘッドの場合、数値が大きいヘッドほどスイートエリアが広い
キャビティアイアン	フェースの裏側がえぐれた形状のアイアン。 スイートエリアが広く、ボールが上がりやすい
キャリー	ショットしたボールが地上に落ちるまでの状態
切り返し	スイングのトップからダウンスイングに移るポイント
グリッププレッシャー	グリップを握る強さ
クローズドスタンス	両足のカカトを結ぶラインが飛球線より右を向くスタンス
クロス	トップでシャフトがターゲットの右を指す悪い状態
コック	スイング中に手首を折る（曲げる）動作
コンパクトスイング	フルスイングより動きがやや小さいスイング
《さ行》	
サイドスピン	打球にかかる横回転。回転が多いほどボールが曲がる
シャットフェース	クラブフェースが閉じて左を向くこと。 フック回転がかかりやすい

シャロー	インパクトに向かってヘッドが低い位置から入ってくる軌道
シャローフェース	ウッドヘッドのフェース部分の厚みの少ないものをいう。 球が上がらない人向き
シャンク	ヘッドのネック（根元）部分にボールが当たって 極端に右に飛び出すミスショット。「ソケット」ともいう
ショートゲーム	アプローチ、バンカー、パッティングの総称
スイートスポット	クラブフェースの重心点。 ここに当てるとナイスショットが打てる
スイングアーク	スイング時にクラブが描く弧
スイングプレーン	スイング時にクラブの軌道が作る仮想の面。 正しい面で振るとナイスショットになる確率が高い
スエー	スイング中にカラダが左右に大きく動く悪い動き
スクエア	アドレスなどで直角、もしくは 平行の関係になっている状態を指す言葉
スクエアグリップ	両手のひらを飛球線に対して直角にして握るグリップ
スクエアスタンス	両足カカトを結ぶラインが飛球線と平行になっているスタンス
スコアライン	フェースに横方向に刻まれたライン
スタンス	ボールを打つために定めた足の位置
スティープ	インパクトに向かってヘッドが高い位置から入ってくる軌道
ストローク	クラブでボールを打つこと。およびその回数。「打」
ストロンググリップ	左手の甲全体が見える程度に左手をかぶせて握る グリップの方法。「フックグリップ」ともいう
ストロングロフト	一般的なロフト角より、角度を小さくした（立てた）設定
スパット	ボールを打ちだす方向の目印。自分で作るのはルール違反
スピン	打撃によってボールにかかる回転
スライス	打ったボールが右（右打ちの場合）に 大きく曲がって飛ぶ球筋
セットアップ	ボールに向かってアドレス（構え）すること
前傾角度	アドレスして上半身を前方に傾ける角度
ソール	クラブヘッドの底面。 ここを地面につけることを「ソールする」という
《た行》	
ダウンスイング	スイングのトップからインパクト手前までの振り下ろしの過程
ダウンブロー	ダウンスイングでクラブヘッドを鋭角的に振り下ろす軌道
タッチ	パットなどで距離感や方向性を合わせる感覚のこと

ダフリ	ボールの手前の地面を叩いてしまうミスショット
タメ	ダウンスイングで手よりもクラブを遅らせる動き
チーピン	極端に左へ曲がる打球
チョロ	ボールの頭を叩いてわずかしかコロがらないミスショット
ティアップ	ボールをティペグに乗せること
ディープフェース	ウッドクラブのフェースの厚みが大きいこと。 重心が高くなり低いボールが出る
ディンプル	ボールの表面につけられたくぼみ。ボールに浮力をつける
テークバック	アドレスからクラブを上げていく動作
テンプラ	極端に高く上がる打球
トウ	クラブヘッドの先の部分
トップ	ボールの上方を打ってしまい、 ボールが低く飛ぶミスショット
トップ（スイング）	バックスイングの頂点
ドローボール	ボールが軽く右から左に曲がる球筋（右打ちの場合）。 飛距離が出るといわれる
ドロップ	インパクトでフェースとボールの間に水滴などが挟まり、 ボールが途中から急に失速する状態
《は行》	
バンス	クラブのソールにある出っぱり。バンカーショットでは ここが砂の反発力を生んでボールが弾き出る
パター	グリーン上でボールをコロがすために使うクラブ
バックスイング	スイングでクラブをトップに向かって振り上げる動作
バックスピン	打球にかかる逆回転。回転量が多いほどボールが浮き上がり、 落下後に逆方向へ戻る
ハーフスイング	フルスイングの半分程度の振り幅のスイング
ハンドアップ	手の位置が通常より高くなること。 低くなるのが「ハンドダウン」
ハンドファースト	インパクトやアドレスで、グリップ（手）の位置が クラブヘッドよりも前（目標方向）にある状態
ヒール	クラブヘッドのシャフト寄りの部分
ヒールアップ	バックスイングで左のカカトを上げる動き。 上半身がひねりやすくなる
左のカベ	ダウンスイングでカラダが左へ流れないようにするための 仮想イメージ
ヒッカケ	左へ飛び出してさらに左へ大きく曲がるミスショット

ピッチアンドラン	ボールをやや上げ、落ちてからランを使って寄せていく、 アプローチの基本的な打ち方
ピッチショット	ボールを高く上げ、グリーンに落ちてから あまりコロがらないアプローチショット
フィニッシュ	スイング動作の最後の部分
フェアウェイウッド	ドライバー以外のウッドクラブの総称
フェース	クラブヘッドのボールを打つ面
フェードボール	落ち際で軽く右に曲がる球筋（右打ちの場合）。 方向性が安定しやすい
フォロー	ボールを打つ方向に吹いている風。追い風
フォロースルー	スイングでインパクト直後からフィニッシュまでの部分
フォワードプレス	テークバック直前に手などを飛球線方向へ動かす動き スイングのきっかけづくりになる
フックボール	大きく左に曲がっていく球筋
プッシュアウト	出だしから右に飛び出し、そのまま真っすぐ飛んで行く球筋。
フラット	適正なスイングプレーンより低い位置にクラブが収まること。 また、ライ角が小さいことも指す
プリショット・ ルーティン	ショット前の準備動作。 いわゆるルーティン
フレックス	シャフトの硬さを指す言葉。R（レギュラー）、 S（スティッフ）、X（エキストラスティッフ）など
ベースボール・ グリップ	左右の手の指を絡ませずに、野球のバットのように握る グリップ。「テンフィンガー」ともいう
ヘッドアップ	スイングの途中で頭が上がってしまう悪い動き
ヘッドスピード	スイング中のヘッドの速さ。 普通はインパクト時の数値を指す
ポケットキャビティ	バックフェースのえぐれが大きく、 空間があるキャビティアイアンの通称。
ポスチャー	アドレスした時の姿勢
ボディターン	カラダを回すこと。 ボディターンを正しくすることで手打ちにならない
《ま行》	
マッスルバック	フェースの裏側が盛り上がったアイアン。 「ブレード」ともいう
明治の大砲	フィニッシュで後ろに体重が残ってしまう悪い動き

《や行》	
ユーティリティ	ウッドとアイアンの中間的な形状のクラブ。 「ハイブリッド」ともいう
《ら行》	
ライ角	クラブをソールしたときにネックと水平線が作る角度。 角度が大きいほどボールがつかまりやすい
ランニングアプローチ	ボールをコロがして寄せるアプローチショット
リバース	バックスイングで左足に、 ダウンスイングで右足に体重がかかる悪い動き
リリース	クラブをインパクトに向けて振り戻すこと。 「解放する」という意味で使う
ルックアップ	スイング中にボールから目を離すこと
レイドオフ	トップでシャフトがターゲットの左を指す状態。 クラブがインサイドから下りやすい
レートヒット	グリップ（手）よりヘッドが遅れてインパクトすること
レベルブロー	ヘッドを低く入れてボールを横から打つ動き。払い打ち
ロブショット	ボールを高く上げるアプローチショット
ロフト角	クラブフェースの傾きを表す角度。 大きいほどボールが高く飛び出す
《わ行》	
ワッグル	スイングを始める前の予備動作

STAFF
編集協力　加藤一来
写真　小林 司
本文デザイン　田中図案室
カバーデザイン　柿沼みさと

パーフェクトレッスンブック
ゴルフの教え方、教えます！

監　修　石井忍＆エースゴルフクラブ
発行者　岩野裕一
発行所　株式会社実業之日本社
〒153-0044　東京都目黒区大橋1-5-1　クロスエアタワー8階
[編集部] 03-6809-0452　[編集部] 03-6809-0495
実業之日本社ホームページ　http://www.j-n.co.jp

印刷・製本所　大日本印刷株式会社

 ISBN978-4-408-45627-0（第一趣味）

1703(01)